Alfred Sous

Broderich komponiert schwarze Löcher

Ein satirischer Bericht für das Theater

Herstellung: Libri Books on Demand
ISBN 3-89811-775-8

Alfred Sous: Etwas über mich und Herrn Broderich

Ich habe Musik studiert. Nicht so, wie man sich heutzutage ein Studium vorstellt. Die „Vorsehung" bewahrte mich vor einer allzu einseitigen Ausbildung und hielt es für richtig, mich auch mit musikfernen Disziplinen vertraut zu machen, wie das Bedienen von Maschinengewehren und Flugabwehrkanonen. Auch mein Verhältnis zur Natur wurde in diesen Jahren positiv beeinflusst, indem ich mit unzureichender Winterbekleidung durch tiefverschneite und darum sehr reizvolle russische Lande wandern durfte. Nach Beendigung des Krieges hatte ich das Glück, nicht abrupt in das Zivilleben mit all seinen Tücken entlassen zu werden. Man gab mir vielmehr die Gelegenheit, mich vier Jahre lang auf diesen Einschnitt vorzubereiten, bis meine russischen Freunde mich für ausreichend gerüstet hielten, um den Anforderungen eines Lebens ohne die Hilfe von Kommandeuren gewachsen zu sein. Erwähnt werden muss aber auch, dass ich während dieser Zeit, unter der fürsorglichen Behandlung der russischen Siegermacht, bereits den Höhepunkt meiner künstlerischen Laufbahn erreicht habe – ich wurde Intendant einer Theatergruppe. Eine derart hoch angesiedelte gesellschaftliche Position habe ich nachher nie mehr bekleidet. Da ich inzwischen an Verzicht gewohnt war, trauerte ich diesem Umstand aber nicht lange nach, sondern beendete mein Musikstudium – Hauptfach Oboe – und begnügte mich mit bescheideneren Rängen – ich wurde Solo-Oboist im Radio-Sinfonie-Orchester Frankfurt, in der Cappella Coloniensis des Westdeutschen Rundfunks Köln und des Festspielorchesters Bayreuth – zeitweise sogar alles gleichzeitig - und konnte auch nicht darauf verzichten, als Professor an der Hochschule für Musik und

Darstellende Kunst in Frankfurt am Main unschuldige Menschen beiderlei Geschlechts zu verführen, Oboist bzw. Oboistin werden zu wollen, obwohl das Gerücht von der geistigen Behinderung älterer Angehöriger dieses Berufsstandes immer noch nicht ganz ausgerottet ist. In meinem Bekanntenkreis gibt es Leute, die an mir und meinem Verhalten eine Bestätigung dieses Gerüchtes zu erkennen glauben, weil ich etliche Jahre damit verbrachte, eine Geschichte des Bayreuther Festspielorchesters zu schreiben und mich auch noch in einem weiteren Buch mit dem sehr interessanten Werdegang des Radio-Sinfonie-Orchesters Frankfurt beschäftigte. Wenn man noch einige andere Veröffentlichungen von mir berücksichtigt, die ebenfalls nur einen exklusiven also kleinen Leserkreis erreichten, dann bin ich wahrscheinlich der am meisten nichtgelesenen Autor der letzten Jahrzehnte.

Vor allem durch meine Tätigkeit beim Rundfunk wurde ich davor bewahrt, mich ausschließlich mit Musik beschäftigen zu müssen. Stattdessen lernte ich viele sehr tapfere junge Leute kennen, die nicht davor zurückschreckten, Geräuschkonstruktionen als Musik zu bezeichnen, was immer wieder zu erfrischenden neuen Erkenntnissen und zu herrlich sinnlosen Diskussionen führte.

Da die meisten musikbegeisterten Menschen durch die Presse nur unzureichend über die Situation in den musikalisch-schöpferischen Kreisen informiert werden, weil sehr oft die Tatsachen nicht mit der offiziellen Sprachregelung übereinstimmen, habe ich das folgende Theaterstück geschrieben. Meine Freunde haben mir geraten, es als Satire zu bezeichnen, obwohl lediglich leicht übertriebene Tatsachen mitgeteilt werden.

Personen: **Alexander Broderich,** ein untalentierter Komponist, der aber zunächst noch an seine Begabung glaubt. Er fordert von seiner Umgebung bedingungslose Unterstützung. Nur seine Arbeit ist ihm wichtig. Es kommt darum zu Schwierigkeiten mit seiner Frau

Elvira, die als Geigerin im Städtischen Orchester ihren Lebensunterhalt verdient. Sie ist Realistin und glaubt nicht so recht an die Bedeutung ihres Mannes. Im Epilog soll sie die **Schwester Elvira** darstellen.

Dr. Brandtner leitet die Musikabteilung einer Rundfunkanstalt. Er ist ein guter Abteilungsleiter, der seinen Mitarbeitern, die er mit viel Glück ausgesucht hat, in musikalischen Fragen vertraut.

Dr. Dr. Klöning, eine intelligente und sehr ehrgeizige Musikwissenschaftlerin, unscheinbar, sehr dünn, eine graue Erscheinung. Wegen fehlender Ansprache vom anderen Geschlecht kann sie sich sehr intensiv ihrer beruflichen Arbeit widmen.

Dr. Moder ist einer der bedeutendsten Musikwissenschaftler und Musikkritiker der Gegenwart. Klein, unscheinbar, etwas ungepflegt und gesundheitlich labil. Auch neigt er zu Ohnmachtsanfällen.

Herr Müller, der Bratscher und Orchestervorstand, sitzt am vierten Pult seiner Gruppe. Er ist etwas korpulent, mit beginnender Glatze.

Herr Arnold und Herr Buch sind zwei ganz sicher sehr gute Journalisten, die vor keiner Frage zurückschrecken, auch wenn sie diese selbst nicht verstehen.

Vorspiel	Broderich
1. Akt	Broderich/Elvira
1. Zwischenspiel	Broderich
2. Akt	Brandtner/Klöning/Moder/Müller
2. Zwischenspiel	Broderich
3. Akt	Broderich/Elvira/Brandtner
	Klöning/Moder/Arnold/Buch
Epilog	Broderich/Schwester (Elvira)

Zur Handlung:

Die in den drei Akten geschilderten Ereignisse liegen etwa ein Jahr zurück, während das Vorspiel, die beiden Zwischenspiele und der Epilog in der Gegenwart stattfinden.

Das Bühnenbild soll sehr schlicht und spartanisch ausgestattet sein. Mit Ausnahme des zweiten Aktes spielt das Geschehen im Arbeitszimmer des Komponisten. Dieses befindet sich sowohl in seinem Haus als auch in einer Klinik. Letzteres wird zwar durch geringfügige Änderungen des Bühnenbildes – wie nachher im Text beschrieben – angedeutet, soll aber dem Publikum anfangs noch nicht sehr deutlich werden. Die Ausstattung dieses Raumes besteht aus einem Schreibtisch, einem Klavier, einem Bürostuhl, mit dem Broderich während seiner Arbeit zwischen Schreibtisch und Klavier hin und herrollt, und einem Bett, das man mit wenigen Handgriffen hochklappen kann, und das dann wie ein Schrank aussieht. Etwa in der Mitte des Raumes steht eine tischhohe Glasvitrine, worin gut sichtbar die ziemlich große Partitur der „Musik für viergeteiltes Orchester" liegt. An einer Stelle, wo er während des ganzen Spiels seinen Platz behalten kann, steht ein Garderobenständer. Daran hängen zwei später im Text näher beschriebene Jacken.

Die Einrichtung von Dr. Brandtners Büro (zweiter Akt) ergibt sich aus demText.

Das Stück soll möglichst ohne Pause gespielt werden. Wenn eine Pause gewünscht wird, kann das nach dem 2.Akt geschehen. (Siehe Manuskript.)

Die notwendigen Änderungen des Bühnenbildes werden, wie aus dem Text hervorgeht, während des Spiels zumeist von den handelnden Personen selbst vorgenommen.

VORSPIEL (Broderich)

Broderich sitzt an seinem Schreibtisch und arbeitet an einer sehr großen Partitur. Er ist mit einem teuren Hausmantel bekleidet. Eine alte, abgeschabte Jacke und ein Reisejackett hängen an dem Kleiderständer. Er rollt mit seinem Stuhl zum Klavier, schlägt einen Ton an, rollt zum Schreibtisch zurück und schreibt weiter, radiert das Geschriebene wieder aus, schreibt alles neu, rollt zum Klavier, schlägt mehrmals einen Ton an, rollt wieder zum Schreibtisch und schreibt. Das geht eine ganze Zeitlang so. Schließlich bemerkt er das Publikum.

Broderich: *(Zum Publikum.)* Oh, Sie sind schon da! Gedulden Sie sich bitte noch einen Augenblick, bald stehe ich Ihnen zur Verfügung. *(Er arbeitet weiter. Nach einiger Zeit fährt er fort.)* Ich muss Sie um Entschuldigung bitten, weil ich Sie warten lasse, obwohl Sie angemeldet sind. *(Schreibt weiter, aber nur kurz.)* Ich beschäftige mich gerade mit einer schwierigen Stelle. *(Während er weiter redet, schreibt und radiert er unentwegt.)* Wenn ich die Arbeit jetzt unterbreche, komme ich nachher überhaupt nicht mehr voran. *(Er arbeitet wie vorher und rollt dabei zwischen Schreibtisch und Klavier hin und her und wird immer unzufriedener. Schließlich unterbricht er die Arbeit ärgerlich.)* Nein! Nein! So geht es nicht! *(Rollt zum Klavier und schlägt scheinbar wahllos mehrere Töne gleichzeitig und sehr laut an, rollt zum Schreibtisch zurück, schreibt kurz etwas in die Partitur und wirft dann ärgerlich seinen Bleistift hin. Dann redet er laut und unbeherrscht weiter.)* Es hat jetzt keinen Sinn mehr! *(Sofort beherrscht er sich wieder, aber man merkt ihm immer noch seinen Unmut an.)* Ich wollte um diese Zeit längst fertig sein, sonst hätte ich Sie ja nicht zu mir gebeten; aber manchmal geht es eben nicht so, wie man gerne möchte. Glauben Sie mir, meine Damen und Herren, das Leben eines Komponisten ist sehr viel mühsamer als Sie es sich vielleicht vorstellen. Lassen Sie sich nicht von meinem Ruhm und von dem damit verbundenen Wohlstand täuschen. Das ist nicht die Norm. Oh nein, ich weiß, wovon ich rede. Hinter mir liegen harte Jahre voller Verzweiflung. *(Etwas übertrieben und selbstgefällig.)* Jetzt habe ich es geschafft, ich gehöre zu den Etablierten, wie man so schön sagt. *(Sehr nachdenklich.)* Aber es ist immer noch schwierig genug. *(Er spricht jetzt etwas lustig weiter.)* Dabei könnte ich es mir leicht machen. Niemand würde bemerken, ob mein neues Werk – es heißt übrigens „L-8" – ob diese Komposition aus 130 Takten, aus 273 Takten oder nur aus zwei Takten besteht, ob ich 5000 Noten in die Partitur schreibe, oder – *(schelmisch.)* gar keine! – Ja, Sie haben richtig gehört: gar keine! – Es ist nämlich unmöglich, aus meiner fertigen Partitur mehr zu ersehen als die Anzahl und die Art der benötigten Instrumente. Allenfalls noch die Spieldauer. Darüber wundern Sie sich gewiss, meine Damen und Herren; aber das hängt mit meiner Kompositionstechnik zusammen, mit der „Nonsensialen Superkomprimierung". *(Nach einiger Zeit des Nachdenkens.)* Meine Erfolgsserie begann mit der „Musik für viergeteiltes Orchester". *(Er steht auf und geht zu der Vitrine.)* Die kostbare Partitur liegt hier, unter Glas. Es war ein Kompositionsauftrag des Rundfunks. Genauer gesagt: des Musikabteilungsleiters Dr. Brandtner. Es ist mein bisher wichtigstes Werk und inzwischen weltweit als eine der bedeutendsten Kompositionen der Musikliteratur anerkannt. *(Voller Stolz blickt er auf die Vitrine und streicht mit seinen*

*Händen zärtlich über die Glasplatte, wendet sich dann
wieder an das Publikum.)* Aber – Sie werden es nicht
glauben! – niemand hat diese „Musik für viergeteiltes
Orchester" bisher gehört. Auch ich nicht. Sie ist noch
nie erklungen! Nun werden Sie sagen: wodurch ist das
Werk denn so bekannt geworden? Woher kommt der
Ruhm dieser Komposition? Und damit auch mein
Ruhm, der Sie ja letztlich hierher geführt hat?

Um das Phänomen dieses Erfolges zu begreifen,
müssen Sie etwas über meine Arbeitsweise erfahren.
(Er setzt sich wieder an seinen Schreibtisch.) Ich
komponiere nämlich – erschrecken Sie jetzt nicht – ich
komponiere „Schwarze Löcher!" Das erreiche ich mit
der   schon   erwähnten   „Nonsensialen
Superkomprimierung". *(Sehr nachdenklich.)* Das sagte
jedenfalls Dr. Moder. Er ist – ich meine natürlich: er
war der bedeutendste Musikwissenschaftler unserer
Zeit und ein international anerkannter Kritiker.
Hauptsächlich für moderne Musik. Ich kann das zwar
nicht verstehen, aber die Fachleute behaupten es nach
wie vor. Man sagt, er habe mich gefördert, nur ihm
habe ich meinen Ruhm zu verdanken. *(Er wird immer
böser.)* Das stimmt aber nicht! In Wirklichkeit war ich
sein Opfer. Ja, sein Opfer. Es hat eine Zeit gegeben, da
habe ich ihn gehasst, richtig gehasst! *(Er beruhigt sich
langsam wieder)* Nachher werden Sie es verstehen. Sie
sollen nun endlich erfahren, wie das alles begonnen hat:
Es war vor etwas mehr als einem Jahr, als ich an der
„Musik für viergeteiltes Orchester" arbeitete.

*(Broderich geht zu dem Garderobenständer und
tauscht dort seinen Hausmantel mit einer alten,
abgeschabten Jacke. Dann rollt er die Glasvitrine in
den Hintergrund der Bühne, wo sie durch*

*entsprechende Beleuchtung kaum noch zu sehen ist,
klappt das Bett hoch, setzt sich wieder an seinen
Schreibtisch und will arbeiten.)*

1. AKT (Broderich/Elvira)

(Aus dem Nebenzimmer hört man, wie Elvira Geige übt.)

Broderich: Dieses ewige Gedudel. Das hält ja kein Mensch aus. *(Ruft laut.)* Elvira! Elvira! Willst du denn überhaupt nicht mehr aufhören? Ich kann nicht arbeiten.

Elvira: *(Sie kommt mit ihrer Geige ins Zimmer und ist ziemlich böse.)* So, du kannst nicht arbeiten. Und was ist mit mir? Soll ich mich in Nichts auflösen? Mich unsichtbar und vor allem unhörbar machen? Wovon leben wir denn? Von deinem Komponieren oder von meiner Tätigkeit im Städtischen Orchester? Ist mein Üben unter den gegebenen Umständen nicht mindestens so wichtig wie deine Arbeit?

Broderich: *(Etwas unsicher, aber doch um Überlegenheit bemüht.)* Aber Elvira, darum geht es doch gar nicht.

Elvira: Und worum geht es denn? Ich weiß, deine Werke sind Wechsel auf die Zukunft. Schön und gut. Aber es gibt auch eine Gegenwart, und in dieser Gegenwart leben wir, und auch du musst in dieser Gegenwart etwas essen, um nicht zu verhungern, und am besten löst man dieses Problem, wenn man ein wenig Geld zur Verfügung hat.

Broderich: Das weiß ich auch. Darum arbeite ich ja hier an diesem Kompositionsauftrag von Brandtner. Dafür bekomme ich schließlich auch Geld. Wenn das auch nicht die Hauptsache ist.

Elvira: Nein, es ist gewiss nicht die Hauptsache. Dafür ist es viel zu wenig.

Broderich: *(Protestierend.)* Und die Reise nach Amerika?

Elvira: Für Ehre, Ruhm und Spesen. Nein, mein Lieber, es ist schon besser, wenn ich weiter übe. *(Sie will abgehen.)*

Broderich: *(Sanft, bittend.)* Elvira! *(Sie bleibt stehen und wendet sich ihm zu.)* Wir müssen Geduld haben.

Elvira: *(Sie kommt langsam zurück. Dann spricht sie leise, fast wie ein Selbstgespräch.)* Geduld – ja – mit Geduld wurde im christlichen Altertum auch die Standhaftigkeit der Märtyrer bezeichnet.

Broderich: *(Ärgerlich.)* Was soll denn das? Du weißt was ich meine.

Elvira: Ja, ich weiß was du meinst; aber du weißt nicht was ich meine! Schon seit vielen Jahren habe ich Geduld. Geduld mit dir, mit deiner Arbeit, mit deinen Misserfolgen, auch mit deinen kleinen Erfolgen innerhalb eines Kreises Gleichgesinnter. Man könnte auch sagen: gleich Erfolgloser. Ihr macht euch gegenseitig Mut. Immer ist der Schuldige der Misserfolge das Publikum, das eure Werke lediglich nicht versteht. Noch nicht versteht. Das geht fast schon so weit, dass ihr die Interesselosigkeit des breiten Publikums euren Werken gegenüber als ein positives Kriterium anseht. Man muss eben nur etwas Geduld haben. Vielleicht noch ein Jahr, noch zehn Jahre, noch hundert Jahre?

Broderich: *(Ärgerlich und vorwurfsvoll.)* Aber Elvira, was redest du denn da?!

Elvira: *(Resignierend.)* Ich weiß es selbst nicht. Nimm es nicht so ernst. Manchmal habe ich eben solche dummen Gedanken. Das vergeht wieder.

Broderich: Das will ich aber auch hoffen.

Elvira: Alles wäre für mich viel einfacher, wenn du nur ein klein wenig vernünftiger wärst.

Broderich: Was meinst du denn damit?

Elvira: Warum willst du die Stelle am Konservatorium nicht annehmen, die man dir angeboten hat?

Broderich: *(Sehr erregt.)* Niemals! Wie kannst du so etwas von mir verlangen! Niemals werde ich mein Talent vergeuden, um unbegabte Schüler zu unterrichten.

Elvira: Du bist starrsinnig!

Broderich: Ich bin konsequent und zielstrebig.

Elvira: Eine Schnecke ist, ihren Fähigkeiten entsprechend, auch zielstrebig, wenn sie langsam durch die Gegend kriecht. Doch dann sitzt sie plötzlich auf dem Trockenen und verdorrt.

Broderich: Was sind denn das für sonderbare Philosophiereien? *(Er steht auf und legt zärtlich seinen Arm um Elviras Schulter.)* Elvira, mein Liebling, rede doch nicht so pessimistisch daher. Du weißt, worin ich meine Aufgabe, ja, meine Bestimmung sehe. Du wusstest es von Anfang an, als wir uns kennen, als wir uns lieben lernten. Erinnerst du dich nicht mehr an unsere erste Zeit, an unsere Pläne, an unsere Phantasien? Wie wir uns einig waren, niemals ein so langweiliges, so ein – wie man sagt – so ein gutbürgerliches Leben zu führen? Wie wir alle Konventionen, die uns dumm erschienen, verurteilten, wie du mich ermuntert hast, meinen Weg zu gehen, auch dann noch ermuntert hast, als man selbst auf der Musikhochschule kein Verständnis mehr für meine Kompositionen aufbringen konnte. Wie wir in nächtelangen Gesprächen über unsere Zukunft gesprochen haben. Erinnerst du dich nicht mehr daran?

Elvira: Doch, ich erinnere mich daran. (schwärmerisch.) Besonders gerne erinnere ich mich aber an jene Nächte, in denen wir nicht über unsere Zukunft gesprochen haben, sondern ganz in der Gegenwart waren, in einer sehr schönen Gegenwart. Jetzt redest du mir zuviel von unserer Zukunft. Von einer doch sehr ungewissen Zukunft. *(Sie löst sich von ihm und geht langsam im Zimmer hin und her.)* Und obwohl du unentwegt von unserer Zukunft redest, vermisse ich dabei doch etwas sehr Wichtiges, jedenfalls für mich sehr Wichtiges, und ich erinnere mich, dass es auch für dich einmal sehr wichtig war, damals...

Broderich: *(Verwundert.)* Was sind denn das jetzt wieder für rätselhafte Andeutungen?

Elvira: Du weißt wirklich nicht, was ich meine?

Broderich: *(Ärgerlich.)* Nein! Wie sollte ich auch. Du sprichst verworren. Ich verstehe zwar deine Worte, aber deren Sinn verbirgst du vor mir. Was soll das?

Elvira: *(Sie geht wieder zu ihm und lehnt sich an seine Schulter. Dann spricht sie leise.)* Damals – es ist noch gar nicht so lange her – da gehörte zu unseren Gesprächen über die Zukunft auch der Wunsch – *(Sie stockt, löst sich dann wieder von ihm und wendet ihm den Rücken zu, bevor sie weiter spricht.)* - der Wunsch, Kinder zu haben. Hast du das wirklich vergessen? *(Sie blickt ihn wieder an und spricht lächelnd weiter.)* Wir haben uns sogar über die Anzahl gestritten. Du sprachst von vier Kindern und ich wollte mich mit zwei zufrieden geben. Weißt du noch?

Broderich *(Will mit übertriebener Nüchternheit seine Unsicherheit überspielen.)* In unserem Leben hat eben alles zu seiner Zeit seinen Platz.

Elvira: Inzwischen sind diese Plätze aber etwas ungerecht verteilt.

Broderich: Wieso denn das?

Elvira: *(Ziemlich energisch.)* Mein Lieber, ich bin keine Nonne, die ihre Gegenwart mit Verzicht und Askese verbringen will, damit ihr in einer ungewissen Zukunft in einer ungewissen Welt ein ungewisses Glück widerfährt. Versteh mich doch, mein Lieber: wir sind jung, wir leben jetzt. Kannst du mich wirklich nicht verstehen?

Broderich: *(Von Elviras Gefühlsausbruch überrascht, besorgt.)* Glaubst du denn nicht mehr an unsere Zukunft? *(Sehr eindringlich.)* Du musst an unsere Zukunft glauben! Der Tag des Erfolges wird kommen, Elvira, der Tag unseres Erfolges. Glaube daran! *(Er geht umher und wird immer erregter.)* Wenn erst meine Oper fertig ist – stell dir vor – die Uraufführung – in Düsseldorf vielleicht – oder in Frankfurt – nein, besser noch in München – festlich gekleidete Premierengäste – Spannung – das Flirren der Ungewissheit elektrisiert die Luft, wie es nur bei Uraufführungen möglich ist – gedämpfte Geräusche – geflüsterte Prognosen – Fachleute kommen aus der ganzen Welt – die bedeutendsten Kritiker sind anwesend – im Orchestergraben präludieren die Musiker – üben schwierige Passagen – der Oboist gibt das „a" an – die Bläser stimmen ein – dann die Streicher – eigentlich beginnt die Vorstellung schon jetzt, mit diesen verheißungsvollen Geräuschen – man spürt förmlich das Vibrieren der Nerven – der Atem wird kürzer – einige Huster – mehr aus Verlegenheit – und dann gleitet der Vorhang zur Seite – die Oper beginnt - das Geschehen auf der Bühne ergießt sich in den Zuschauerraum - überflutet mit unentrinnbarer Gewalt das ganze Haus – die Menschen werden hingerissen – vergessen alles was vorher war – denken an kein Später – leben nur dem Augenblick und verfallen meinem Zauber – ich – meine Musik – mein Geist – und mein Wille herrschen über allem!

Elvira: *(Unterbricht Broderich betont nüchtern.)* Von welcher Oper redest du eigentlich?

Broderich: *(Jäh aus seiner Begeisterung herausgerissen.)* Von meiner natürlich.

Broderich: *(Jäh aus seiner Begeisterung herausgerissen.)* Von meiner natürlich.

Elvira: Du hast doch gar keine Oper geschrieben.

Broderich: *(Mit großer Bestimmtheit.)* Aber ich werde eine schreiben!

Elvira: *(Mitleidig lächelnd.)* Das macht dich so liebenswert, mein Guter. Du kannst dich für eine Sache begeistern, die es noch gar nicht gibt, und die es wahrscheinlich auch niemals geben wird.

Broderich: *(Auftrumpfend.)* Ich werde eine Oper schreiben! In meinem Kopf ist sie schon fertig.

Elvira: Also üben wir uns wieder einmal in Geduld *(leise, böse.)* und warten auf ein Wunder

Broderich: Du machst dich über mich lustig.

Elvira: Aber nein! Ich denke nur, eine kleine Stippvisite auf dem Boden der Realitäten könnte jetzt nicht schaden.

Broderich: *(Verständnislos.)* Wo?

Elvira: Auf dem Boden der Tatsachen! Du phantasierst von einer Oper, die es gar nicht gibt und hast Schwierigkeiten mit diesem kleinen Kompositionsauftrag hier. *(Sie nimmt einige Notenblätter und lässt sie verächtlich auf den Tisch zurückfallen.)* Mit dieser „Musik für viergeteiltes Orchester".

Broderich: *(Empört.)* Das ist kein kleiner Kompositionsauftrag, das ist...

Elvira: Jedenfalls wirst du – so wie ich es sehe – den Termin nicht einhalten können. *(Sie prüft die auf dem Tisch liegenden Notenblätter.)* Noch nicht einmal die Hälfte hast du ins Reine geschrieben.

Broderich: *(Versucht sich zu entschuldigen.)* Wenn die Amerikareise nicht dazwischengekommen wäre, dann...

Elvira: Sie ist aber dazwischengekommen.

Broderich: *(Trotzig.)* Und sie ist für mich sehr wichtig!

Elvira: Wichtig oder unwichtig – was geschieht hiermit? *(Sie hält einige Notenblätter hoch.)* Das ist im Augenblick wichtig.

Broderich: *(Kleinlaut.)* Ich weiß es nicht.

Elvira: Wie viel Zeit benötigst du noch?

Broderich: Eine Kleinigkeit – drei oder vier Tage.

Elvira: Und du hast noch die Kleinigkeit von drei oder vier Stunden zur Verfügung. Morgen früh fliegen wir nach New York.

Broderich: *(Verzweifelt.)* Du hast recht – ich bin in einer schlimmen Zwickmühle. Möglicherweise nimmt Brandtner mir die Arbeit später gar nicht mehr ab.

Elvira: *(Erschrocken.)* Was sagst du da?

Broderich: So hat er schon einmal reagiert. Damals, als Friedrich Trollhagen den Termin nicht eingehalten hat.

Elvira: Das würde gerade noch fehlen! Ich habe mit dem Geld schon fest gerechnet. *(Sehr bestimmt.)* Da muss etwas geschehen!

Broderich: Immer redest du nur vom Geld.

Elvira: Nun sei still und störe mich nicht bei meinen Überlegungen. Jetzt muss ich wohl einmal schöpferisch tätig werden.

Broderich: Mach dich nur über mich lustig.

Elvira: Lass mich nachdenken.

Broderich: *(Resignierend.)* Es gibt keinen Ausweg.

Elvira: *(Geheimnisvoll.)* Doch, ich glaube schon.

Broderich: Unmöglich.

Elvira: *(Hat einen Entschluss gefasst.)* Hör zu! Du nimmst die ersten drei Blätter. Die sind ja wenigstens schon fertig. Das Titelblatt *(Sie nimmt es)*, die Auflistung der benötigten Instrumente *(Sie nimmt das zweite Blatt)*, und die Zeichnung für die Sitzordnung des viergeteilten Orchesters. *(Sie nimmt das dritte Blatt.)* So. Dazu legen wir dann noch siebzig oder achtzig unbeschriebene Notenblätter *(sie tut es)*, oder auch noch ein paar mehr – wir wollen nicht kleinlich sein. *(Sie nimmt noch mehr unbeschriebenes Notenpapier.)* Das alles verpacken wir jetzt und schicken es mit schönen Grüßen an Herrn Dr. Brandtner.

Broderich: *(Fassungslos.)* Das ist doch wohl nicht dein Ernst?

Elvira: Warum nicht? Ich finde die Idee großartig.

Broderich: Und was soll Brandtner damit anfangen?

Elvira: Nichts. Er kann doch damit nichts anfangen.

Broderich: Warum denn das alles?

Elvira: *(Redet ihm zu wie einem kleinen Kind.)* Denk doch einmal nach: was wird Brandtner wohl machen, wenn er dieses „Werk" ausgepackt hat?

Broderich: Er wird mich sofort anrufen oder mir einen Brief schreiben und mich fragen, was das zu bedeuten hat.

Elvira: Richtig. Und wo bist du dann?

Broderich: *(Nach kurzem Nachdenken.)* In Amerika.

Elvira: Auch richtig. Und was antwortest du ihm?

Broderich: *(Er versteht das alles noch nicht.)* Was soll ich ihm wohl antworten?

Elvira: Du bedauerst den Irrtum.

Broderich: Den Irrtum?

Elvira: Ja, den Irrtum, der in der Hektik der Vorbereitungen für die Amerikareise geschehen sein muss. Aus Versehen hast du in der Eile leere Notenblätter anstatt der Partitur verpackt. Das ist dir zwar unangenehm, aber von Amerika aus leider nicht zu korrigieren. Sobald du nach Hause kommst, wirst du die Sache in Ordnung bringen.

Broderich. *(Immer noch verständnislos.) So –*

Elvira: Ja. Bis dahin bist du mit deiner Partitur fertig und alles ist gut.

Broderich: *(Immer noch sehr unsicher.)* Du meinst wirklich...

Elvira: Weißt du eine bessere Lösung?

Broderich: Nein. *(Nach kurzer Überlegung.)* Eigentlich gar nicht so dumm.

Elvira: Nicht so dumm? Du, das ist geradezu genial.

Broderich: Ja – genial – es stimmt - genial –

Elvira: Also ans Werk!

Broderich: *(Freudig.)* Ja, das machen wir – natürlich – das ist die Lösung – dass ich nicht selbst auf diese Idee gekommen bin. *(Sie beginnen, die Notenblätter einzupacken.)*

Elvira: *(Spöttisch.)* Ach, mein Lieber, du bist viel zu genial, um auf einen so praktischen Gedanken zu kommen.

Broderich: Was heißt denn das jetzt schon wieder?

Elvira: Später, mein Lieber, später. Jetzt müssen wir dein „Werk" verpacken. *(Sie arbeiten weiter.)* Nein, die drei fertigen Seiten müssen doch obenauf liegen.

Broderich: Du hast recht

Elvira: Ich habe immer recht.

Broderich: Nicht immer.

Elvira: Hast du einen großen Umschlag?

Broderich: Ja. *(Nimmt ihn aus der Schublade des Schreibtisches.)* Unsere „Partitur" ist dafür aber wohl zu dick.

Elvira: Wir wollen es versuchen. *(Sie will die Notenblätter in den Umschlag stecken, aber es geht nicht.)*

Broderich: Ich sagte ja, der Umschlag ist zu klein.

Elvira: Kein Problem. Wir kürzen dein „Werk" um ein paar Seiten. Kürzen ist immer gut. *(Schelmisch.)* Besonders bei deiner Musik.

Broderich: Musst du denn immer an mir herummeckern?

Elvira: Sei nicht böse, es war nicht so gemeint. Mit dieser Partitur kann man jedenfalls keinen Schaden anrichten. *(Sie sind mit dem Einpacken fertig.)* So, jetzt noch die Adresse.

Broderich: Lass mich das machen.

Elvira: Nein, schreib du noch ein paar Zeilen dazu.

Broderich: Ja, richtig. Was soll ich denn...

Elvira: Anbei – wie vereinbart – termingerecht die Partitur usw. Freundliche Grüße. Na, du weißt schon, was man halt so schreibt. *(Beide schreiben.)* Ich glaube, das ist die erste Partitur, die Brandtner lesen kann.

Broderich: *(Während er schreibt.)* Unterschätze ihn nicht.

Elvira: Fertig. *(Legt den Stift beiseite.)* Karajan soll einmal gesagt haben, es gebe auf der ganzen Welt nur etwa fünfzig Menschen, die eine Partitur wirklich lesen können. Meinst du, Brandtner gehört dazu?

Broderich: Das weiß ich nicht. *(Er ist mit dem Brief fertig und gib ihn Elvira.)* Hier ist mein Begleitbrief.

Elvira: *(Sie liest den Brief.)* Gut. *(Sie schiebt den Brief in den Umschlag und klebt diesen dann zu.)* Ich bringe die wertvolle Fracht gleich zur Post.

Broderich: Aber per Einschreiben!

Elvira: Selbstverständlich. Ich bin bald zurück. *(Sie geht ab. An der Tür dreht sie sich noch einmal um.)* Morgen können wir beruhigt nach New York fliegen.

1. Zwischenspiel

Broderich: *(Er geht zum Kleiderständer und tauscht seine alte Jacke gegen den Hausmantel, rollt dann die Vitrine wieder in die Mitte des Raumes und klappt das Bett von der Wand, bevor er sich an seinen Schreibtisch setzt und zum Publikum spricht.)* So nahm nun die Geschichte ihren Lauf. Man kann auch sagen: das Unheil nahm seinen Lauf, denn unser schöner Plan misslang gründlich! Wir flogen nach Amerika und bemerkten darum zunächst noch nichts von dem Verhängnis. Dass Dr. Brandtner auf unsere sonderbare „Partitur" nicht reagierte, beunruhigte uns nicht sehr. Diese Herren lassen ja oft recht lange auf eine Antwort warten.

Nach einer Woche hatte ich die richtige Partitur der „Musik für viergeteiltes Orchester" fertiggestellt und sah in Ruhe den Dingen entgegen, die da kommen sollten. Doch vorerst kam, wie gesagt, noch nichts. Hätte ich etwas von den Ereignissen geahnt, die sich inzwischen zu Hause abspielten, meine gute Laune wäre schnell dahin gewesen. Aber so ist das im Leben: man bemüht sich, arbeitet, hat hohe Ideale, kämpft dafür um Anerkennung – alles vergeblich. Nur Misserfolge. Und dann, wenn man an nichts Schlimmes denkt, geschieht etwas total Verrücktes, etwas Lächerliches, vielleicht sogar etwas Verheerendes, was eigentlich gar nicht passieren kann, und ehe man es noch recht begreift, wird man von einer geheimnisvollen Macht in eine Richtung gedrängt, die man – wenn überhaupt – nur mit großem Unbehagen hinnehmen kann, obwohl sie in gewisser Weise Erfolg verspricht. Man wird mit der Versuchung konfrontiert! Alle großen und edlen Gedanken werden in Frage gestellt. Der Bauch kämpft gegen den Geist – und gewinnt! Aber wollen Sie es einem Ertrinkenden verübeln, wenn er nach dem sprichwörtlichen rettenden Strohhalm greift? Ich will mich nicht entschuldigen. Nein, ich stehe zu meinen Handlungen. Ich habe gelernt, Tatsachen zu akzeptieren. Und Tatsache ist – Sie werden sich wundern, das von mir zu hören – Tatsache ist: ich bin unbegabt! Ja, unbegabt! Ein schmerzlicher Prozess führte mich zu dieser Erkenntnis. Jetzt weiß ich es: ich bin unbegabt! – Und das, meine Damen und Herren, ist das Geheimnis meines Erfolges. Sie verstehen das nicht? Nun, es gibt Situationen in der Kunst – was man auch immer unter Kunst verstehen mag - da darf man nicht begabt sein, um Erfolg zu haben. Oder man muss zumindest so klug sein und die Begabung verbergen. Oder man muss Opportunismus mit Begabung verwechseln. Oder – man darf keinen guten Charakter haben. Ich habe Glück, denn ich bin nur schlicht und einfach unbegabt! – Obwohl – inzwischen gibt es Leute, die halten mich für einen – für – ja – ach, lassen wir das.

Sie sollen jetzt erfahren wie es weiterging: Herr Brandtner geriet fast in Panik, als er meine „Partitur" bekam. So etwas hatte er noch nie erlebt. Aber anstatt normal zu reagieren, wie wir es erwartet hatten, fing er an zu denken und kam dabei nicht auf das Nächstliegende, nämlich den Komponisten um Aufklärung zu bitten. Wahrscheinlich fürchtete er um seinen Ruf, wenn es sich herausstellen sollte, dass er eine ungewöhnliche Partitur nicht richtig deuten konnte. Darum ließ er zunächst einmal mehrere Photokopien herstellen und schickte dieses Material dann an einige Mitarbeiter, die er wenige Tage später zu einer Besprechung in sein Büro bat. Unter ihnen war auch der Orchestervorstand, Herr Müller. Er spielt Bratsche und ist ein guter Freund von mir. Von ihm habe ich erfahren, was sich damals im Büro des Dr. Brandtner ereignet hat. Sehen und hören Sie selbst. *(Broderich steht auf, rollt die Vitrine wieder an die Wand und klappt das Bett hoch. Dann geht er ab.)*

2. Akt

Herr Dr. Brandtner, Frau Dr. Dr. Klöning und Herr Müller treten auf. Jeder hat einen Stuhl und ein Sitzkissen in der Hand und eine Kopie der „Partitur" der „Musik für viergeteiltes Orchester" unter dem Arm. Während sie auftreten, wird ein Tisch in die Mitte der Bühne getragen. An dem Platz, der nachher von Dr. Brandtner eingenommen wird, befinden sich ein Telefon und mehrere Aktenordner. Die drei stellen die Stühle an den Tisch, setzen sich aber noch nicht. Die Bühne wird so beleuchtet, dass Broderichs Schreibtisch, das Klavier, die Vitrine und das hochgeklappte Bett kaum noch zu sehen sind. Schon während des Auftritts beginnen sie mit dem folgenden Gespräch. Man soll den Eindruck gewinnen, dass die Unterhaltung bereits in vollem Gange ist.

Müller: Da gibt es doch gar nicht viel zu besprechen, das muss ein Irrtum sein, eine Verwechslung.

Brandtner: Das habe ich mir zuerst auch gedacht, aber...

Klöning: Meine Herren, ich muss mich doch sehr wundern.

Brandtner: Wir sind ja erst am Anfang unserer Überlegungen. Noch ist nichts entschieden. Bitte sehr! *(Tisch und Stühle sind inzwischen aufgebaut und Brandtner bietet den beiden Platz an. Die drei setzen sich an den Tisch. Brandtner stellt das Telefon neben sich. Während er weiter spricht, ordnet er die auf dem Tisch liegenden Akten.)* Wir wollen zunächst lediglich unsere Gedanken über diese etwas ungewöhnliche „Musik für viergeteiltes Orchester" austauschen.

Klöning: Aber welche Gedanken. *(Zu Herrn Müller.)* Wenn Sie von vornherein sagen, es gibt hier nichts zu besprechen, Herr Müller, warum sind Sie denn hier?

Müller: Weil Herr Dr. Brandtner mich, als Orchestervorstand, darum gebeten hat.

Klöning: Mir scheint, ich bin hier fehl am Platz.

Brandtner: Wie können Sie so etwas sagen.

Klöning: Wenn Sie schon voreingenommen an die Sache herangehen...

Brandtner: Niemand ist hier voreingenommen.

Klöning: Zumindest Herr Müller.

Müller: *(Versöhnlich.)* Wir haben doch alle das gleiche Anliegen: die Beurteilung dieses – nun, sagen wir einmal – dieses besonderen Werkes. *(Nach kurzer Pause und leise.)* Wenn es denn überhaupt ein Werk ist.

Klöning: *(Sehr erregt zu Dr. Brandtner.)* Da hören Sie es, Herr Brandtner. *(Äfft Müller nach.)* Wenn es denn überhaupt ein Werk ist. *(Sehr bestimmt zu Müller.)* Ganz gewiss ist es ein Werk! *(Wieder zu Brandtner.)* Eine Unterhaltung zwischen uns *(sie meint zwischen Müller und sich)* ist nicht sehr sinnvoll, scheint mir. Dafür sind unsere Denkweisen zu unterschiedlich.

Brandtner: *(Vermittelnd.)* Ihre Kompetenz als Musikwissenschaftlerin wird von Herrn Müller gewiss nicht angezweifelt. Ich halte es aber auch für wichtig, die Meinung unseres Orchestervorstandes zu diesem Projekt zu hören. Der Rat eines Praktikers kann hier sehr nützlich sein. Immerhin stellt die Aufführung eines solchen Werkes ein Orchester doch vor ganz ungewohnte Aufgaben.

Klöning: *(Sehr arrogant.)* Das ist zweitrangig. Absolut zweitrangig! Wichtig ist allein die künstlerische Aussage, der philosophische Hintergrund. Die Praxis hat sich dem unterzuordnen.

Müller: *(Lachend.)* Es ist aber nicht ganz einfach, sich der künstlerischen Aussage und dem philosophischen Hintergrund einer Komposition unterzuordnen, die es gar nicht gibt.

Klöning: *(Energisch protestierend.)* Ich finde das gar nicht so lustig, Herr Müller! Unter Beachtung aller wissenschaftlich fundierten Fakten, insbesondere der philosophischen Betrachtungsweise von „Sein" und „Nichtsein", muss man zu dem Schluss kommen, dass es sich hier zwar um ein extrem konzentriertes Werk handelt, aber keineswegs um ein „Nichts"! Um es einmal ganz simpel zu erklären: *(Sie blickt dabei provozierend Herrn Müller an.)* Wenn ein Komponist sein Werk kritisch überarbeitet und es dabei von allem überflüssigen Ballast befreit, wenn er durch wohlüberlegte Kürzungen das Wesentliche verdeutlichen will, dann kann diese selbstkritische Arbeit in letzter Konsequenz durchaus zur totalen Auflösung der Komposition führen. Ein derart entmaterialisiertes Werk kann man nicht einfach als „Nichts" bezeichnen.

Müller *(Sehr bestimmt und überlegen.)* Entschuldigen Sie vielmals, aber da kann ich Ihnen nun wirklich nicht mehr folgen. Sie erwarten doch wohl nicht von mir, dass ich diese Theorie vor meinen Kollegen vertrete. *(Energisch.)*

Hier auf dem Tisch liegen leere Notenblätter, die aus irgendwelchen Gründen mit der Partitur verwechselt wurden!

Brandtner. *(Will beschwichtigen.)* So kommen wir doch nicht weiter. Ich möchte dringend empfehlen, auf Herrn Dr. Moder zu warten, bevor wir weiter diskutieren. Wo er nur bleibt? *(Er schaut auf seine Taschenuhr.)* Er hat sich nun bereits eine halbe Stunde verspätet. Das ist doch sonst nicht seine Art.

Klöning: Dafür wird es bestimmt einen wichtigen Anlass geben. Er ist sowohl bei seiner Arbeit als auch in seinem Privatleben ein äußerst korrekter und gewissenhafter Mensch. Ich kenne ihn gut genug um zu wissen, dass er uns nicht grundlos warten lässt. *(Das Telefon klingelt.)*

Brandtner: *(Er nimmt den Hörer ab.)* Hier Brandtner – ja – was sagen Sie? – drei Tage – und Sie haben nicht – ach so – ich verstehe – trotzdem? – alleine? – hoffentlich geht das gut – mit dem Taxi – ja, dann wird er bald hier sein – nein – keine Sorge – wir passen auf – danke sehr. *(Er legt den Hörer auf. Etwas besorgt spricht er weiter.)* Dr. Moder ist auf dem Weg hierher.

Klöning: Was ist mit ihm? Warum hat er sich verspätet?

Brandtner: Weil – er ist – er ist krank.

Müller: *(Verwundert.)* Er ist krank und kommt trotzdem hierher?

Klöning: *(Sehr besorgt.)* Was fehlt ihm denn?

Brandtner: Er wurde ohnmächtig.

Klöning: Wann?

Brandtner: Vor etwa einer Stunde.

Müller: Und jetzt geht es ihm wieder besser?

Brandtner: Ich denke schon.

Klöning: Warum wurde er denn ohnmächtig?

Brandtner: Er hat sich wohl überarbeitet.

Müller: Dann wird man doch nicht gleich ohnmächtig.

Brandtnert: Wenn man zudem drei Tage lang nichts isst, kann das schon einmal geschehen.

Müller: Ist er magenkrank?

Brandtner: *(Erklärend.)* Frau Meier – das ist seine Sekretärin, mit ihr sprach ich soeben am Telefon – Frau Meier sagte mit, er habe sich drei Tage lang völlig zurückgezogen und sein Büro nicht verlassen, um sich ausschließlich und ungestört mit der „Musik für viergeteiltes Orchester" zu beschäftigen.

Müller: *(Mehr für sich.)* Wahnsinn!

Klöning: Das kann ich gut verstehen.

Brandtner: Darüber hinaus weigerte er sich, während dieser Zeit etwas zu essen.

Müller: Warum denn das?

Brandtner: Um seinen Geist zu schärfen, wie er sagte.

Müller: *(Schüttelt verständnislos mit dem Kopf.)* Mein Gott!

Klöning: *(Böse zu Herrn Müller.)* Das können Sie natürlich nicht begreifen.

Müller: Ich muss nicht erst drei Tage fasten um zu begreifen, worum es sich hier handelt.

Brandtner: *(Mehr für sich.)* Die Sache nimmt Dimensionen an, die nur noch schwer zu verstehen sind.

Klöning: Ich verstehe sie sehr gut. Warten Sie nur ab, was Dr. Moder Ihnen zu sagen hat.

Müller: Darauf bin ich wirklich gespannt.

Brandtner: Wir wollen nachher sehr ruhig und sachlich diskutieren und Herrn Moder nicht unnötig erregen. Schließlich ist die Sache für uns alle neu und ungewöhnlich.

Klöning: *(Arrogant.)* Für mich ist die Sache keineswegs ungewöhnlich.

Müller: Ja, wenn Sie künstlich Zusammenhänge konstruieren.

Klöning *(Aufgebracht.)* Wenn Sie die Zusammenhänge nicht begreifen, dann...

Brandtner: *(Unterbricht energisch.)* Ich bitte Sie dringend um mehr Sachlichkeit! Wir warten jetzt auf Herrn Dr. Moder, bevor wir weiter diskutieren. Der Weg von seinem Büro bis hierher dauert mit dem Taxi nur wenige Minuten. *(Es klopft an der Tür.)* Das wird er schon sein. *(Laut.)* Ja, bitte!

Moder: *(Moder kommt herein und bleibt an der Tür stehen. Er vermittelt ein Bild des Jammers und des Elends. Gebückte Haltung, sehr bleich, und schlampig gekleidet. Auch er hat einen Stuhl in der Hand und die Partitur der „Musik für viergeteiltes Orchester" unter dem Arm.)*

Brandtner, Klöning, Müller: *(Sie erheben sich von ihren Stühlen und stehen eine ganze Zeitlang still und starr.)*

Brandtner: *(Er geht langsam – es soll sehr unsicher wirken – auf Moder zu.)* Guten Tag, Herr Dr. Moder. *(Brandtner ist unsicher, ob er Moder die Hand reichen soll, tut es dann aber nicht.)*

Klöning: *(Schüchtern.)* Was haben Sie nur gemacht?

Moder: *(Sehr müde.)* Es ist nicht so schlimm. Es geht schon wieder. Ein kleiner Schwächeanfall.

Brandtner: *(Er fasst Moder am Arm, nimmt ihm den Stuhl ab und führt ihn langsam und schwerfällig zum Tisch. Dort stellt er den Stuhl ab und bedeutet Moder, sich hinzusetzen.)*

Moder: *(Setzt sich sehr langsam.)* Danke sehr. Vielen Dank. Sehr liebenswürdig.

Klöning: *(Dienstbeflissen.)* Darf ich Ihnen eine Erfrischung besorgen?

Moder: Das ist nicht nötig. Ich fühle mich verhältnismäßig wohl.

Brandtner: Wenn Sie es wünschen, verschieben wir unsere Besprechung um ein paar Tage.

Moder: Nein, bitte nicht. Die Sache duldet keinen Aufschub.

Brandtner: *(Zu Klöning und Müller, die, wie er selbst, immer noch stehen.)* Setzen wir uns doch. *(Sie setzen sich. Alles sehr langsam und bedächtig, so als fürchteten sie, Herrn Moder zu stören.)*

Moder: *(Legt mit einer langsamen, müden Bewegung seine Partitur auf den Tisch und schlägt sie auf.)* Ich habe die Partitur gründlich studiert. Glauben Sie mir – es war nicht leicht.

Klöning: Das kann ich mir vorstellen.

Moder: Zeitweise wollte ich sogar an einen Irrtum glauben, an eine Verwechslung. In der Tat.

Müller: Das sage ich ja.

Moder: *(Sieht Müller nur kurz missbilligend an.)* Doch aufgrund meiner langjährigen Erfahrung mit zeitgenössischer Musik habe ich dann doch bald die wahre Bedeutung dieser Arbeit erkannt.

Klöning: *(Triumphierend zu Brandtner und Müller.)* Wie ich Ihnen schon sagte! *(Zu Moder.)* Wollen Sie nicht doch eine Erfrischung?

Moder: Nein, danke, es geht schon. Ich bin nur noch etwas schwach. In der Tat.

Brandtner: Wir danken Ihnen sehr, dass Sie dennoch gekommen sind.

Moder: *(Bringt durch eine Geste zum Ausdruck: es ist schon in Ordnung.)* Meine Mühe war nicht vergebens. In der Tat. Diese Komposition ist ohne jeden Zweifel die bedeutendste musikalische Schöpfung der letzten Jahrzehnte.

Müller: *(Überrascht.)* Was sagen Sie da? Das müssen Sie mir aber erklären!

Klöning: *(Tadelnd.)* Herr Müller!

Moder: *(Macht zu Klöning hin eine beruhigende Geste.)* Gewiss, Herr Müller, gerne will ich es Ihnen erklären, denn dieses Werk ist – in der Tat – wirklich sehr schwer zu verstehen. Selbst ich musste mich intensiv darum bemühen. Die "Musik für viergeteiltes Orchester" ist – in der Tat – ein außergewöhnliches Werk.

Müller: *(Spöttisch.)* Das stimmt allerdings.

Brandtner/Klöning: *(Sie sehen Müller vorwurfsvoll an.)*

Moder: *(Ohne Müllers Einwand zu beachten.)* Und es ist ein mutiges Werk.

Müller *(Verständnislos, fast verzweifelnd.)* Aber es ist doch nichts da – es ist doch gar nichts da – nichts!

Klöning: Herr Müller, mäßigen Sie sich!

Brandtner: *(Er will vermittelnd eingreifen, doch ehe er etwas sagen kann, redet Moder weiter.)*

Moder: *(Immer noch sehr ruhig.)* Nicht doch, Frau Klöning, nicht doch. Wir müssen überzeugen, das ist unsere Aufgabe. *(Zunächst wendet er sich jetzt an Herrn Müller.)* Dieses Werk kann man – in der Tat – nicht einfach als „Nichts" bezeichnen, Herr Müller. Wenn es auch bei oberflächlicher Betrachtung und ohne Berücksichtigung des geistig-wissenschaftlichen Hintergrundes zunächst so scheinen mag. *(Er wendet sich wieder an alle.)* Allenfalls kann man es im Zusammenhang mit dem „Werden" und „Vergehen" von Dingen sehen. Aber selbst dieser Vergleich ist – in der Tat – nicht gut, denn in unserem Fall ist ja nichts vergangen – etwas hat sich nur verändert, ist ein scheinbares „Nichts" geworden.

Müller: An diese Gedanken muss ich mich aber erst langsam gewöhnen.

Moder: So wie in der Existenzphilosophie der Mensch sich selbst „aus dem Nichts" seine Existenz zu geben hat, so muss der wissenschaftlich gebildete Musikhörer – in der Tat – aus diesem scheinbaren „Nichts" das darin enthaltene, geistige „Sein" wiederentdecken. Ja, er kann dann – in der Tat – um mit Heidegger zu sprechen, gerade weil er es nicht mit etwas Bestimmtem zu tun hat und hier scheinbar dem „Nichts" begegnet, seine eigene Individualität besser finden. In der Tat.

Klöning: *(Begeistert zustimmend.)* Genau das ist auch meine Meinung.

Moder: *(Er wird allmählich immer erregter.)* So muss der gebildete Hörer dann – in der Tat – zwangsläufig dazu kommen, durch das geistige „Sein" das reale „Wesen" zu erkennen. Denn das „Wesen" ist die Bezeichnung nicht nur für das Offenliegende, also Sichtbare, sondern auch für den verborgenen Kern eines Gegenstandes. Der Terminus „Gegenstand" ist hier im Sinne der traditionellen Philosophie zu verstehen, als „Seiendes". *(Er ereifert sich immer mehr.)* Wir wollen in diesem Zusammenhang jetzt nicht die Theorie Heideggers berücksichtigen, der von einer ontologischen Differenz zwischen „Seiendem" und „Sein" spricht. Uns soll vielmehr genügen, die Gedanken der neuscholastischen Philosophie zu akzeptieren, wonach ein jedes „Seiende", weil und insofern ihm „Sein" zukommt, oder „weil und insofern es ein Seiendes" ist, wahr, gut und schön ist. In der Tat. *(Er blättert sehr nervös und mit zitternden Händen in der Partitur.)* Wir haben es darum hier bei der „Musik für viergeteiltes Orchester" im wahrsten Sinne des Wortes mit einer „Substanz" zu tun. „Substanz" ist, wie Sie wissen, in der philosophischen Terminologie das, was ein jedes für sich selbst ist, das unabhängig „Seiende".
Wir müssen also davon ausgehen, dass es sich hier nicht um ein „Nichts" als Gegensatz zum Existierenden handeln kann, sondern vielmehr ganz zweifellos um Wirklichkeit. In der Tat. Denn nach Aristoteles ist ein Ding wirklich, wenn es seine Natur vollständig entwickelt hat. *(Er wird immer erregter. Sein Verhalten grenzt nun schon fast an Hysterie.)* Und die „Musik für viergeteiltes Orchester" ist ja nun – das ist nach meinen Ausführungen wohl nicht mehr zu bestreiten – in der Tat der Abschluss, der absolute Höhepunkt einer Entwicklung, etwa zu vergleichen mit

dem „Schwarzen Loch" in der Astronomie, wo durch überstarke Gravitation ein zwar unsichtbares, aber dennoch seiendes Superkonzentrat entstanden ist, ein mächtiges Etwas, eine gefährliche, alles verschlingende Substanz, ein Superding, der Höhepunkt, die letzte Station, die Vollendung einer Entwicklung. Und das, genau das haben wir hier vor uns. *(Er steht auf und hält voller Begeisterung seine Partitur hoch.)*

Klöning: *(Erstaunt, erschrocken, fasziniert, laut.)* Ein „Schwarzes Loch"!

Moder: *(Hält immer noch die Partitur hoch, triumphierend.)* Ja, ein „Schwarzes Loch"! So werde ich es nennen.

(Brandtner, Klöning und Müller betrachten nun, etwas verwirrt, ihre Partituren, während Moder, von den anderen zunächst unbemerkt, ohnmächtig wird. Er fällt langsam zu Boden und stößt dabei seinen Stuhl um. Durch dieses Geräusch wird die Aufmerksamkeit der anderen wieder auf Dr. Moder gelenkt.)

Klöning: *(Schreit hysterisch.)* Herr Moder!

Müller: *(Bemerkt den am Boden liegenden Moder.)* Was ist denn jetzt passiert?

Klöning: Warum legt Dr. Moder sich denn auf dem Boden?

Brandtner: *(Erregt.)* Er ist wieder ohnmächtig geworden. *(Die beiden Männer knien sich neben Moder.)*

Klöning: *(Kreischt.)* Mein Gott, er stirbt!

Müller: *(Laut.)* Schreien Sie doch nicht so!

Brandtner: *(Zu Klöning.)* Holen Sie lieber das Kissen von seinem Stuhl, damit wir es unter seinen Kopf legen können.

Klöning: *(Beachtet die Aufforderung Brandtners nicht. Hysterisch.)* Mein Gott, er stirbt, er stirbt. So tun Sie doch etwas!

Brandtner: *(Steht auf.)* Ich telefoniere nach einem Arzt. *(Er geht zum Telefon und telefoniert.)*

Müller: *(Erhebt sich ebenfalls. Im Befehlston zu Klöning.)* Legen Sie ein Kissen unter seinen Kopf und öffnen Sie ihm den Kragen! Ich hole ein Glas Wasser.

Klöning *(Beachtet auch diese Aufforderung Müllers nicht.)* Er stirbt! Er stirbt! Sie können ihn doch nicht einfach so liegen lassen.

Müller: *(Im Weggehen.)* Tun Sie was ich sage!

Klöning: Sie grober, rücksichtsloser Mensch!

Müller: *(Dreht sich in der Tür noch einmal um.)* Sie sollen ihm den Kragen öffnen! *(Geht ab.)*

Klöning: *(Sie steht tatenlos mitten im Zimmer. Laut jammernd.)* Der arme Herr Moder. So helfen Sie ihm doch, meine Herren. *(Wendet sich an den telefonierenden Brandtner und stört ihn.)* So tun Sie doch etwas!

Brandtner: *(Während er telefoniert. Unwillig.)* Tun Sie, was Herr Müller Ihnen gesagt hat!

Klöning: *(Immer noch untätig.)* Er hat sich aufgeopfert! Nun liegt er da, hilflos. Entsetzlich. *(Läuft sinnlos zwischen Brandtners Schreibtisch und der Tür hin und her.)* Wir müssen ihm doch helfen! Bitte! Warum tut denn keiner etwas?

Brandtner: *(Kommt vom Schreibtisch zurück, nimmt im Vorbeigehen das Kissen von Moders Stuhl, kniet dann neben ihm nieder und legt es unter dessen Kopf.)* Der Arzt kommt sofort.

Klöning: Was sollen wir nur machen? Wo ist denn jetzt der Herr Müller?

Müller: *(Kommt mit einem gefüllten Wasserglas zurück und kniet auch neben Moder.)* Wir müssen ihm den Kragen öffnen. *(Sie tun es. Zu Brandtner.)* Heben Sie seinen Kopf ein wenig an. Ich versuche, ihm etwas Wasser einzuflößen. *(Brandtner tut es.)* So ist es gut.

Brandtner: Aber vorsichtig. Nicht dass er erstickt.

Müller: Nur keine Angst.

Klöning: *(Sie bemerkt von den Bemühungen der Männer offensichtlich gar nichts und jammert immer sinnlos weiter.)* Können wir denn gar nichts tun? Müssen wir hilflos zusehen wie er stirbt?

Müller: *(Sehr ungehalten.)* Niemand stirbt hier. *(Zusammen mit Brandtner bemüht er sich weiter um Moder.)*

Klöning: Das sagen Sie so leichthin. Sehen Sie denn nicht, wie der Schatten des Todes bereits sein Gesicht zeichnet?

Müller: *(Er wird immer ärgerlicher.)* Plappern Sie doch nicht so dumm daher!

Klöning: Wie kann man nur so herzlos sein, im Angesicht eines Sterbenden.

Müller: *(Schreit unbeherrscht Klöning an.)* Hören Sie endlich auf mit Ihrem blödsinnigen Gejammere!

Moder: *(Schreckt auf und stößt dabei Müller das Wasserglas aus der Hand. Dann blickt er verwundert um sich.)* Was ist? Was ist geschehen?

Müller: Hallo! Dr. Moder! Da sind Sie ja wieder. *(Er tätschelt Moders Wangen.)*

Klöning: Nun schlagen Sie ihn nicht auch noch!

Brandtner: *(Zu Müller.)* Das war wohl alles ein bisschen zuviel für ihn.

Moder: *(Ganz verwirrt.)* Was ist denn – wo bin ich – warum liege ich – hier – auf dem Boden – in der Tat – ich denke –

Klöning: *(Übertrieben laut.)* Er lebt!

Müller: Natürlich lebt er. Nun machen Sie nicht solchen Lärm.

Brandtner: *(Zu Moder.)* Ein erneuter Schwächeanfall, lieber Herr Moder. Sie haben sich zuviel zugemutet. Der Arzt wird gleich kommen.

Moder: *(Versucht aufzustehen.)* Das ist – nicht nötig – es geht schon wieder – es geht schon wieder.

Müller: Warten Sie, wir helfen Ihnen.

Moder: *(Mit Hilfe der beiden Männer erhebt er sich.)*

Klöning: *(Stürzt auf Moder zu und umarmt ihn.)* Lieber Herr Moder! Gott sei Dank, Sie leben!

Moder: *(Fast flüsternd.)* Natürlich lebe ich – in der Tat –

Brandtner: *(Löst Frau Klöning von Moder und führt sie zu einem Stuhl. Dann spricht er zu ihr wie zu einem Kind, aber dennoch streng.)* Bleiben Sie jetzt einmal ruhig hier sitzen.

Müller: *(Er hat währenddessen Moder zum Tisch geführt und ihn auf einen Stuhl gesetzt.)*

Moder: Danke – ich glaube – ich meine – ich sollte jetzt – ja – nach Hause gehen. Wenn Sie bitte – ich denke – ein Taxi –

Brandtner: Warten Sie doch noch einen Augenblick. Der Arzt wird gleich hier sein.

Moder: Nein – es ist besser – wenn – ich möchte - in der Tat - drei Tage war ich nicht mehr – Sie verstehen – nach Hause – ich möchte nach Hause –

Brandtner: Ja, wenn Sie es wünschen, selbstverständlich. Ich werde den Pförtner bitten, ein Taxi zu bestellen. *(Er geht zum Telefon und nimmt den Hörer ab.)* Hier Brandtner. Rufen Sie bitte sofort ein Taxi! Wie? Ja, gut, halten Sie es auf, wir kommen sofort. *(Legt den Hörer auf.)* Es ist zufällig ein Taxi unten. *(Zu Moder.)* Ich bringe Sie zum Ausgang.

Müller: Nein, bleiben Sie nur hier. Ich mache das schon.

Moder: Zu liebenswürdig. Ich bedauere – in der Tat – ich bedauere diesen Zwischenfall.

Brandtner: Aber ich bitte Sie!

Moder: Hoffentlich konnte ich Sie mit meinen Ausführungen überzeugen.

Brandtner: Ganz gewiss, Herr Moder.

Klöning: *(Ohne aufzustehen.)* Sie wissen ja, das Sie mich nicht erst überzeugen mussten. Wir liegen ja schon lange auf derselben Wellenlänge.

Moder: Ja – gewiss – in der Tat – nun denn – wenn es so ist –

Müller: *(Zu Moder.)* Kommen Sie!

Moder: Auf Wiedersehen! Auf Wiedersehen! Und vielen Dank für Ihre Aufmerksamkeit, vielen Dank. *(Moder und Müller gehen ab. Nach zwei Schritten dreht Moder sich noch einmal um. Zu Brandtner.)* Ich habe bereits eine größere Abhandlung, sagen wir: eine Analyse dieses Werkes in Arbeit. In den nächsten Tagen lasse ich Ihnen davon eine Photokopie zukommen. Vielleicht für das Programmheft, Sie verstehen. Das übliche Honorar – ich denke –

Brandtner: Das wird mich sehr interessieren.

Moder: Also – dann – auf Wiedersehen. *(Moder und Müller gehen ab.)*

Brandtner/Klöning: Auf Wiedersehen.

Klöning: *(Ruft den beiden nach.)* Und alles Gute!

Brandtner: *(Geht zur Tür und ruft den beiden hinterher.)* Herr Müller, wenn der Arzt kommt, soll der Pförtner ihn in die Wohnung von Dr. Moder schicken.

Müller: *(Ruft zurück.)* Es ist recht.

(Nachdem die beiden gegangen sind, beschäftigt Brandtner sich stehend und mehr aus Verlegenheit am Tisch mit seinen Akten. Klöning steht nun auf und geht im Zimmer hin und her. Ziemlich lange. Dann bleibt sie vor Brandtner stehen.)

Klöning: Beeindruckend, nicht wahr?

Brandtner: *(Ohne seine Tätigkeit zu unterbrechen.)* Ja, das meine ich auch.

Klöning: *(Geht wieder umher. Nach einiger Zeit im Gehen.)* Meine Ansichten wurden bestätigt..

Brandtner: *(Einschränkend.)* In den wesentlichen Punkten.

Klöning: *(Bleibt plötzlich stehen und sieht Brandtner an.)* Darauf kommt es an! *(Sie geht weiter.)*

Brandtner: *(Setzt sich hin.)* Und was machen wir jetzt?

Klöning: *(Bleibt wieder stehen.)* Wie meinen Sie das?

Brandtner: Wollen wir das Stück aufführen?

Klöning: *(Sehr verwundert.)* Da fragen Sie noch? Nach allem, was Moder uns vorgetragen hat! *(Sie setzt sich wieder an den Tisch.)*

Brandtner: Mir ist die Sache schon klar; aber es gibt dennoch gewisse Schwierigkeiten.

Klöning: Und wenn schon! Wir können es uns doch nicht erlauben, eine kulturgeschichtlich notwendige Tat zu unterlassen, nur weil Schwierigkeiten damit verbunden sind.

Brandtner: Gewiss nicht.

Klöning: Na also.

Müller: *(Kommt wieder zurück und setzt sich zu den beiden an den Tisch.)* Er ist abgefahren.

Brandtner: Hoffentlich erholt er sich bald wieder.

Klöning: *(Ohne Müller zu beachten setzt sie die Unterhaltung mit Brandtner fort.)* Allein schon wegen Dr. Moder müssen wir das Stück aufführen. So wie er sich damit auseinandergesetzt hat – wie er – mit diesem Einsatz – kurzum: wir müssen das Stück aufführen!

Müller: *(Nach einer längeren Pause.)* Und wie?

Klöning: Was soll das heißen?

Müller: Ich fragte: wie sollen wir das Stück aufführen?

Klöning: *(Verständnislos.)* Wie es in der Partitur steht natürlich.

Müller: Aber es steht doch nichts in der Partitur.

Klöning: Was sagen Sie da?

Müller: Es steht jedenfalls nur sehr wenig darin.

Klöning: *(Nimmt mit sehr energischen Bewegungen eine Partitur vom Tisch und zeigt sie Herrn Müller.)* Was sehen Sie hier?

Müller: Die erste Seite der Partitur.

Klöning: Und steht da etwas?

Müller: Ja, der Titel: „Musik für viergeteiltes Orchester".

Klöning: *(Blättert um.)* Und das ist die zweite Seite. Sie ist vollgeschrieben von oben bis unten.

Müller: Es ist nur die Auflistung der benötigten Instrumente.

Klöning: Ist das etwa nichts? Und es geht noch weiter. *(Blättert um.)* Hier sehen Sie, ganz wichtig: Die

Sitzordnung, bzw. die Anordnung der einzelnen Instrumente.

Müller: Schön und gut, aber das ist auch alles.

Klöning: Nein, Herr Müller, Sie haben etwas übersehen: was steht unten rechts auf der dritten Seite? *(Sie zeigt mit dem Finger darauf.)*

Müller: *(Sieht in die Partitur.)* Spieldauer zwölf Minuten.

Klöning: *(Triumphierend.)* Jawohl! Und das bedeutet: Zwölf Minuten konzentrierte Musik, zwölf Minuten absolute Musik, die man zwar nicht hören, aber erleben kann, erleben muss! Nicht mit den Ohren, nein, mit dem ganzen Körper, mit allen Fasern des Seins. Man wird es von innen klingen hören, man wird selbst Musik, wird aufgesogen von diesem Superkonzentrat, von diesem „Schwarzen Loch", wie Moder es treffend formulierte. Wir haben es in der Hand, das größte musikalische Ereignis der Geschichte zu präsentieren. Wir müssen dieses Werk aufführen! *(Langes Schweigen. Klöning blickt verzückt in die Partitur, die sie immer noch in den Händen hält.)*

Müller: *(Sehr nüchtern.)* Sollen die Musiker mit oder ohne Instrumente das Podium betreten?

Klöning: Ich verstehe Sie nicht.

Brandtner: Die Frage ist nicht ganz unberechtigt.

Klöning: Wieso?

Müller: Weil die Musiker ja keine Instrumente benötigen.

Klöning: *(Entrüstet.)* Können Sie denn keine Partitur lesen?

Müller: Ich kann eine Partitur lesen. *(Betonung auf „ich".)*

Klöning: *(Zeigt Müller ihre Partitur.)* Was steht hier, auf der zweiten Seite?

Müller: Aber Frau Dr. Klöning.

Klöning: Hier hat der Komponist sehr gewissenhaft die benötigten Instrumente benannt. Und wenn Sie genau hinsehen – von Musikern steht nichts da! Wenn Sie also behaupten, für die Aufführung dieses Werkes benötigten die Musiker keine Instrumente, so halte ich dem entgegen: für die Aufführung dieses Werkes benötigen die Instrumente keine Musiker!

Brandtner: Das ist, scheint mit, eine sehr strenge Auslegung der Partitur.

Müller: Und wie kommen die Instrumente auf das Podium?

Klöning: Das Nächstliegende ist natürlich, dass sie von Musikern dorthin getragen werden.

Müller: Gott sei Dank! Ich dachte schon, wir werden arbeitslos. So langsam bekommt der Titel des Werkes mit dem viergeteilten Orchester für mich noch eine ganz besondere, fast makabre Bedeutung.

Klöning: Was wollen Sie damit sagen?

Brandtner: *(Steht auf und verkündet energisch.)* Schluss jetzt! Wir werden das Stück im Herbst aufführen, wie es auch vorgesehen war.

Klöning: Warum erst im Herbst?

Brandtner: So hatten wir es doch geplant, falls wir uns für eine Aufführung entscheiden.

Klöning: Da kannten wir aber die Bedeutung des Werkes noch nicht. Nein, wir müssen es sofort aufführen, in unserem nächsten Musica-Viva-Konzert am Freitag der nächsten Woche.

Brandtner: Das wäre ja schon in sechs Tagen. Nein, so kurzfristig können wir das Programm nicht mehr ändern.

Klöning: Wir müssen das Programm nicht ändern, sondern lediglich erweitern. Die zwölf Minuten der „Musik für viergeteiltes Orchester" passen noch hinein. Diese epochale Arbeit darf dem Publikum nicht länger vorenthalten werden.

Brandtner: *(Unsicher.)* Herr Müller, was meinen Sie?

Müller: *(Resignierend.)* Meinetwegen. Für das Stück benötigen wir ja kaum Proben.

Brandtner: Also dann: einverstanden! Veranlassen Sie das Notwendige, Frau Klöning.

Klönung: *(Sehr erfreut.)* Aber gewiss!

Brandtner: Damit wären wir endlich am Ende unserer Besprechung. Es ist spät geworden. Ich danke Ihnen.

Müller: *(Er beeilt sich, den Raum zu verlassen.)* Auf Wiedersehen, Herr Dr. *(Geht ab und nimmt seinen Stuhl mit.)*

Klöning: Ja denn – auf Wiedersehen. *(Sie will noch etwas sagen, geht dann aber doch ab, kommt wieder zurück um ihren Stuhl zu holen.)*

Brandtner: *(Packt noch ein paar Sachen zusammen und geht dann auch ab. Ebenfalls mit seinem Stuhl.)*

2. Zwischenspiel (Broderich.) *(A - Fassung ohne Pause)*

Der Tisch und der Stuhl des Dr. Moder werden bei offener Bühne hinausgetragen. Broderich tritt auf, wieder mit seinem Hausmantel bekleidet. Er klappt das Bett von der Wand und schiebt die Vitrine mit der Partitur der „Musik für viergeteiltes Orchester", wie zu Anfang, in die Mitte des Raumes. Dann setzt er sich an seinen Schreibtisch. Die Beleuchtung ist wieder so wie während des Vorspiels und des ersten Zwischenspiels..

Broderich: *(Zum Publikum.)* Das geschah, während ich ahnungslos in Amerika vergeblich auf eine Nachricht von Dr. Brandtner wartete. Ich konnte doch nicht ahnen, dass man mein „Verzweiflungspaket" tatsächlich aufführen wollte. Aber – wurde es aufgeführt? Bei einem solchen Unternehmen sind ja auch noch die beteiligten achtundneunzig Musikerinnen und Musiker zu berücksichtigen. Werden sie so etwas mitmachen? Was denken Sie wohl? Es wir Ihnen schwer fallen, die Reaktionen der Orchestermitglieder vorauszusagen. Selbst ich bin da noch unsicher, obwohl ich, wie Sie wissen, mit einer Orchestermusikerin verheiratet bin. Musiker sind – verstehen Sie mich bitte nicht falsch, ich will niemanden beleidigen – Musiker sind – nun – man könnte sagen – sie sind Mixturen aus Albert Einstein und einem sechs Monate alten Säugling. Man kann darum nie ganz sicher sein, was sie gerade denken und wie sie eine Situation beurteilen. Auf der einen Seite arbeiten sie wie die Berserker, sie üben, studieren, probieren und sind selbstkritisch bis zur psychiatrischen Behandlung – andererseits machen sie eine Staatsaffäre daraus, wenn eine Probe zehn

Minuten länger dauert als geplant. Sie sind geradezu besessen von ihrem Berufsethos, und doch kann man sie mit entsprechenden Honoraren zu den verrücktesten Eskapaden verleiten. Zum Beispiel sollte in einer meiner früheren Kompositionen eine Kuhglocke läutend durch das Orchester gereicht werden. Links angefangen beim letzten Pult der Geigen, quer durch die Gruppe der Holzbläser bis hin zu den Bassisten an der anderen Seite des Orchesters. Jeder Musiker auf diesem Weg sollte dabei einmal kurz mit der Glocke bimmeln. Das Ganze würde genau fünfundzwanzig Sekunden dauern, hatte ich mir ausgerechnet. Was geschah? Das Orchester lehnte diese Aktion empört ab! „Ich bin Geigerin und keine Kuh", sagte eine Dame zu mir, und die anderen Kommentare waren ähnlich. Ich war verzweifelt, denn diese Glockenreise war die wichtigste Aussage des Werkes und darum unverzichtbar. Da hatte der Orchestervorstand eine Idee: „Wir befördern die Kuhglocke zum offiziellen Nebeninstrument", sagte er, „und jedes Orchestermitglied, das in einem Konzert ein Nebeninstrument spielt, hat laut Tarifvertrag Anspruch auf ein Honorar von einhundert Mark." So geschah es. Nur dauerte die Glockenreise jetzt keine fünfundzwanzig Sekunden, sondern etwas mehr als eine Minute, weil alle Blechbläser sich nun auch daran beteiligen wollten. Sie sehen, meine Damen und Herren, was man alles bei der Arbeit mit einem Sinfonie-Orchester erleben kann. So wurde ich denn auch von den Ereignissen total überrascht, die nach meiner Heimkehr auf mich einstürmten. Was ich da erlebte, das können Sie sich nicht vorstellen. Ich war bald am Ende meiner Nervenkraft. Sie kennen mich ja nun auch schon ein wenig – würden Sie mir einen Mord zutrauen? Nein? Haben Sie eine Ahnung, wozu ein Mensch fähig ist, wenn er in die Enge getrieben wird, wenn er einer für ihn unerträglich gewordenen Situation nicht mehr entfliehen kann, wenn sich scheinbar alles gegen ihn verschworen hat. Dann kann der Mensch schon einmal die Herrschaft über seine Gedanken verlieren, die sich, von Verzweiflung getrieben, selbständig machen und zu Erlebnissen führen, die unter normalen Umständen nicht möglich gewesen wären. Das Unterbewusstsein macht sich selbständig und schaltet mit geradezu teuflischer Energie alle intellektuellen und moralischen Kontrollen aus. Der Mensch wird zum willenlosen Werkzeug seiner schlimmen Phantasien. Oh ja, das kann geschehen. *(Sehr nachdenklich und leise.)* Ich habe es erlebt.

2. Zwischenspiel (Broderich) *(B – Fassung mit Pause.)*

Der Tisch und der Stuhl des Dr. Moder werden bei offener Bühne hinausgetragen. Broderich tritt auf, wieder mit seinem Hausmantel bekleidet. Er klappt das Bett von der Wand und schiebt die Vitrine mit der Partitur der „Musik für viergeteiltes Orchester", wie zu Anfang, in die Mitte des Raumes. Dann setzt er sich an seinen Schreibtisch. Die Beleuchtung ist wieder so wie während des Vorspiels und des 1. Zwischenspiels.

Broderich: *(Zum Publikum.)* Das geschah, während ich in Amerika vergeblich auf eine Nachricht von Dr. Brandtner wartete. Ich konnte doch nicht ahnen, dass man mein „Verzweiflungspaket" tatsächlich aufführen wollte. Aber – wurde es aufgeführt? Was denken Sie wohl? Bei einem solchen Unternehmen sind ja auch noch die daran beteiligten achtundneunzig Musikerinnen und Musiker zu berücksichtigen. Werden sie so etwas überhaupt mitmachen?

Bevor Sie das erfahren, gönnen wir uns alle eine kleine Pause. Danach werde ich Ihnen den Rest dieser tragischen Geschichte erzählen. Sie werden sich wundern! *(Broderich steht auf und verlässt schnell die Bühne.)*

Pause

Fortsetzung des zweiten Zwischenspiels

Broderich: *(Zum Publikum. Auf der Bühne herrscht die gleiche Situation wie vor der Pause.)* Also – wie weit waren wir?   Ach ja, Sie wollen wissen ob das Stück, also diese nichtexistente „Musik für viergeteiltes Orchester" wirklich aufgeführt wurde. Besonders im Hinblick auf die Musikerinnen und Musiker des Orchesters. Wie werden sie sich wohl in einer so ungewöhnlichen Situation verhalten? Es wird Ihnen schwer fallen, die Reaktionen der Orchestermitglieder vorauszusagen. Selbst ich bin da noch unsicher, obwohl ich, wie Sie wissen, mit einer Orchestermusikerin verheiratet bin. Musiker sind – verstehen Sie mich bitte nicht falsch, ich will niemanden beleidigen – Musiker sind – nun – man könnte sagen – sie sind Mixturen aus Albert Einstein und einem sechs Monate alten Säugling. Man kann darum nie ganz sicher sein, was sie gerade denken und wie sie eine Situation beurteilen. Auf der einen Seite arbeiten sie wie die Berserker, sie üben, studieren, probieren und sind selbstkritisch bis zur psychiatrischen Behandlung – andererseits machen sie eine Staatsaffäre daraus, wenn eine Probe zehn Minuten länger dauert als geplant. Sie sind geradezu besessen von ihrem Berufsethos, und doch kann man sie mit entsprechenden Honoraren zu den verrücktesten Eskapaden verleiten. Zum Beispiel sollte in einer meiner früheren Kompositionen eine Kuhglocke läutend durch das Orchester gereicht werden. Links angefangen beim letzten Pult der Geigen, quer durch die Gruppe der Holzbläser bis hin zu den Bassisten an der anderen Seite des Orchesters. Jeder Musiker auf diesem Weg sollte dabei einmal kurz mit der Glocke bimmeln. Das ganze würde genau fünfundzwanzig

Sekunden dauern, hatte ich mir ausgerechnet. Was geschah? Das Orchester lehnt diese Aktion empört ab. „Ich bin Geigerin und keine Kuh", sagte eine Dame zu mir, und die anderen Kommentare waren ähnlich. Ich war verzweifelt, denn diese Glockenreise war die wichtigste Aussage des Werkes und darum unverzichtbar. Da hatte der Orchestervorstand eine Idee: „Wir befördern die Kuhglocke zum offiziellen Nebeninstrument", sagte er, „und jedes Orchestermitglied, das in einem Konzert ein Nebeninstrument spielt, hat laut Tarifvertrag Anspruch auf ein Honorar von einhundert Mark." So geschah es. Nur dauerte die Glockenreise jetzt keine fünfundzwanzig Sekunden, sondern etwas mehr als eine Minute, weil alle Blechbläser sich nun auch daran beteiligen wollten. Sie sehen, meine Damen und Herren, was man alles bei der Arbeit mit einem Sinfonie-Orchester erleben kann. So wurde ich denn auch von den Ereignissen total überrascht, die nach meiner Heimkehr auf mich einstürmten. Was ich da erlebte, das können Sie sich nicht vorstellen. Ich war bald am Ende meiner Nervenkraft. Sie kennen mich ja nun auch schon ein wenig – würden Sie mir einen Mord zutrauen? Nein? Haben Sie eine Ahnung, wozu ein Mensch fähig ist, wenn er in die Enge getrieben wird, wenn er einer für ihn unerträglich gewordenen Situation nicht mehr entfliehen kann, wenn sich scheinbar alles gegen ihn verschworen hat. Dann kann der Mensch schon einmal die Herrschaft über seine Gedanken verlieren, die sich, von Verzweiflung getrieben, selbständig machen und zu Erlebnissen führen, die unter normalen Umständen nicht möglich gewesen wären. Das Unterbewusstsein macht sich selbständig und schaltet mit geradezu teuflischer Energie alle intellektuellen und moralischen Kontrollen aus. Der Mensch wird zum willenlosen Werkzeug seiner schlimmen Phantasien. Oh ja, das kann geschehen. *(Sehr nachdenklich und leise.)* Ich habe es erlebt.

3. Akt
(Broderich/Elvira/Brandtner/Klöning/Moder/Arnold
Buch)

(Broderich geht zum Kleiderständer, zieht seinen Hausmantel aus, hängt ihn auf und zieht die Reisejacke an. Dann schiebt er die Vitrine wieder an die Wand und klappt das Bett hoch. Elvira tritt auf, ebenfalls in Reisekleidung. Sie schiebt mit der einen Hand einen Wagen vor sich her, der mit Briefen und Zeitungen beladen ist. In der anderen Hand hat sie einen Koffer.)

Elvira: Es ist schön, wieder zu Hause zu sein. *(Sie stellt den Koffer auf den Boden.)*

Broderich: *(Sieht überrascht auf die viele Post.)* Was ist denn das?

Elvira: Was meinst du?

Broderich: *(Geht zu dem Wagen mit der Post.)* Hier, sieh dir das an!

Elvira: *(Blickt nun auch auf die Post.)* Das – das ist die Post.

Broderich: So viel?

Elvira: Wir waren vier Wochen weg.

Broderich: Trotzdem.

Elvira: *(Kommt näher.)* Ein bisschen viel ist es schon. Das meiste wird Reklame sein.

Broderich: Viele Zeitungen sind dabei. Die haben wir doch gar nicht bestellt.

Elvira: Wo kommen die denn her? *(Sie nimmt eine Zeitung. Auch Broderich nimmt einige Zeitungen.)*

Broderich: Sie sind alle vom Rundfunk. Von Dr. Brandtner.

Elvira: Wieso schickt der dir Zeitungen?

Broderich: Das weiß ich auch nicht. *(Schlägt eine Zeitung auf.)* Nun sieh dir das an! *(Er zeigt Elvira die Zeitung.)*

Elvira: *(Liest daraus vor.)* Großer Erfolg einer Broderich-Uraufführung. Triumph der Stille.

Broderich: *(Er liest aus der Zeitung weiter.)* Das erste „Schwarze Loch" in der Musikgeschichte. *(Verwundert zu Elvira.)* Was soll denn der Blödsinn? Worüber schreiben die überhaupt?

Elvira: *(Sie blättert weiter in anderen Zeitungen.)* Du, das geht um deine „Musik für viergeteiltes Orchester".

Broderich: *(Blickt zu Elvira in die Zeitung.)* Was sagst du da?

Elvira: Ja, hier lies: Broderichs „Musik für viergeteiltes Orchester" ist die ungewöhnlichste Komposition der letzten Jahrzehnte und wird wohl auch das erfolgreichste musikalische Werk unserer Zeit werden.

Broderich: Da stimmt doch etwas nicht. Die Partitur ist ja noch in meinem Koffer. Wie kann man das Stück da schon aufführen?

Elvira: *(Sie schlägt immer mehr Zeitungen auf.)* Das weiß ich auch nicht. Nachdem was ich hier lese, wurde es aber aufgeführt. Höre nur einige Schlagzeilen: *(Jede Schlagzeile aus einer anderen Zeitung.)* „Mut zum Nichts" – „Gewalt des „Schwarzen Loches" – „Broderich, das Genie" – „Broderich, der Komponist unserer Zeit" – „Broderich, der Schöpfer der Ruhe" – „Abkehr vom Tumult – Besinnung auf die inneren Werte" – und hier wird sogar das Orchester gelobt: „Ein besonderes Lob dem disziplinierten Orchester – zwölf Minuten stumm und bewegungslos auf dem Podium – eine große Leistung" – und so weiter und so weiter. Was sagst du jetzt?

Broderich: Ich sag gar nichts mehr. Hier ist sogar ein Brief von Professor Trutenmeier.

Elvira: Der dich doch gar nicht leiden kann.

Broderich: *(Er öffnet den Brief und liest.)* Jetzt gratuliert er mir herzlich zu meinem Erfolg und nennt mich „mein lieber Broderich". Nimm die ganze Post! Ich will gar nichts mehr davon sehen!

Elvira: *(Nimmt noch einen Brief.)* Nur diesen Brief noch. Er ist vom Gigantik-Verlag.

Brodrich: *(Sehr verwundert.)* Die schreiben mir einen Brief?

Elvira: *(Öffnet den Brief geräuschvoll.)* Nicht nur das – sie wollen alle deine zukünftigen Werke verlegen. Ist das nicht großartig?

Broderich: Warum nur auf einmal? Seit Jahren biete ich dem Gigantik-Verlag meine Kompositionen an – immer Fehlanzeige, kein Interesse. Und jetzt...

Elvira: Freu dich doch!

Broderich: Ich verstehe das alles nicht. *(Es klingelt an der Haustür.)* Wer kann denn das sein?

Elvira: Ich werde einmal nachsehen. *(Sie geht zur Tür und öffnet. Die Besucher sind: Dr. Brandtner, Dr. Moder, Frau Dr. Dr. Klöning, und die Journalisten Herr Arnold und Herr Buch. Der folgende Monolog des Dr. Brandtner beginnt schon an der Haustür. Während er spricht, gehen alle ins Zimmer.)*

Brandtner: *(Zu seinen Begleitern.)* Ich sagte ja, sie sind schon zu Hause. *(Zu Elvira.)* Guten Tag, Frau Broderich, wir dürfen doch auf einen Sprung hereinkommen? *(Wieder zu seinen Begleitern.)* Kommen Sie, Frau Klöning, Herr Moder, meine Herren von der Presse, kommen Sie! *(Zu Elvira.)* Herzlich willkommen zu Hause, Frau Broderich. Ihr Mann war ja auch in Amerika recht erfolgreich, wie man hört; doch was sich inzwischen hier ereignet hat, das ist geradezu phänomenal! *(Jetzt sind alle im Zimmer.)* Guten Tag, mein lieber Herr Broderich und herzlichen Glückwunsch! Entschuldigen Sie den Überfall, wir bleiben auch nicht lange. Sie sind sicher von der Reise erschöpft und wollen Ihre Ruhe haben, ich verstehe. *(Bedauernd.)* Doch es geht nicht anders – Sie müssen sich ein paar Fragen der Journalisten gefallen lassen. Darf ich bekannt machen: Herr Arnold vom „Landeskurier" und Herr Buch von der Wochenzeitschrift „Klang und Bild". Die Öffentlichkeit hat ein berechtigtes Interesse an Ihrer Arbeit, mein lieber Broderich, an Ihrem Leben, überhaupt an Ihrem Tun und Lassen. Sie sind jetzt – ja, damit müssen Sie sich wohl oder übel abfinden – Sie sind jetzt so etwas wie eine öffentliche Institution und müssen das Informationsbedürfnis der Menschen befriedigen.

Broderich: Ich verstehe nicht – was soll das heißen – ich weiß nicht...

Moder: Mit diesem Erfolg haben Sie gewiss nicht gerechnet, das ist verständlich. Aber ich – und auch Herr Brandtner und Frau Klöning – wir haben daran geglaubt, für uns kam der Erfolg – in der Tat – nicht überraschend.

Broderich: *(Er will den offensichtlichen Irrtum aufklären.)* Aber die „Musik für viergeteiltes Orchester" ist doch hier... *(Er zeigt auf den Koffer.)*

Klöning: Keine falsche Bescheidenheit! Ihre „Musik für viergeteiltes Orchester" ist das genialste Werk der letzten Jahre. Keine falsche Bescheidenheit, bitte!

Moder: Die ist wirklich nicht angebracht, in der Tat. Sie können stolz sein. Stolz auf Ihre bedeutende Arbeit!

Broderich: *(Hilflos, verzweifelt.)* Elvira, verstehst du das? Wir haben doch nur...

Elvira: *(Sie ist bemüht, den wahren Sachverhalt nicht zu offenbaren.)* Wir haben nur das getan, was wir für richtig hielten.

Broderich: *(Unsicher.)* Ja – schon...

Brandtner: Ihnen gratuliere ich übrigens auch, gnädige Frau.

Elvira: Mir? Wofür denn?

Brandtner: Was wären unsere großen Komponisten ohne ihre Frauen, die ihnen immer wieder Kraft geben, sie unterstützen bei der Bewältigung alltäglicher Probleme. Oh, ich kann mir vorstellen – es ist gewiss kein Zuckerschlecken, mit einem Genie verheiratet zu sein.

Elvira: Das stimmt. *(Mehrdeutig.)* Ich könnte Ihnen da Sachen erzählen...

Arnold: *(Die beiden Journalisten haben Bleistift und Notizbuch in der Hand.)* Erzählen Sie, bitte! Wir interessieren uns für alles. Unsere Leser...

Buch: *(Er unterbricht seinen Kollegen eifrig.)* Auch private Dinge, die scheinbar gar nichts mit der Arbeit Ihres Mannes zu tun haben, können wir...

Arnold: Der ganze Mensch Broderich interessiert uns.

Buch: In erster Linie müssen wir natürlich etwas über sein Werk erfahren, vor allem über diese inzwischen so berühmte „Musik für viergeteiltes Orchester".

Elvira: Ja, das verstehe ich. Die Entstehung dieses Werkes war wirklich sehr interessant. Nicht wahr, Alexander?

Broderich: *(Schreckt aus seinen Gedanken auf.)* Ja – doch – sehr interessant – obwohl – das alles ist absurd...

Klöning: Sie werden sich daran gewöhnen, ganz bestimmt. Schon bald haben Sie gelernt, mit dem Ruhm zu leben.

Arnold: Wann hatten Sie die Idee zu der „Musik für viergeteiltes Orchester“?

Broderich: *(Er fühlt sich sehr unbehaglich.)* Es war ein Kompositionsauftrag von Herrn Dr. Brandtner.

Brandtner: Wir haben Herrn Broderich schon immer geschätzt.

Klöning: Schon seit langer Zeit haben wir an ihn geglaubt.

Moder: Als er noch völlig unbekannt war.

Brandtner: *(Sehr selbstgefällig.)* Es gehört ja zu unseren Aufgaben, Talente zu entdecken und zu fördern.

Buch: Herr Broderich, Sie haben bei dieser Komposition hauptsächlich mit Cluster gearbeitet, wie Herr Dr. Moder in seiner sehr interessanten Werkanalyse geschrieben hat.

Arnold: Und mit Verfremdungen.

Buch: Sagen Sie uns ein paar Worte zu Ihrer Kompositionstechnik.

Broderich: *(Sehr verlegen.)* Die Kompositionstechnik – ja – also – die Technik dieser – dieser Komposition. *(Er sieht hilfesuchend Elvira an.)*

Elvira: Du hattest ja gar keine andere Wahl. Die Umstände – deine Situation – alles forderte von dir diese – diese Kompositionstechnik.

Buch: *(Zu Elvira.)* Sie haben sicher all diese inneren Kämpfe, sagen wir einmal – die Geburtswehen miterlebt?

Elvira: Oh ja!

Broderich: *(Gequält.)* Es ging tatsächlich nicht anders.

Arnold: Sehe ich es richtig: ein innerer, schöpferischer Zwang forderte es von Ihnen?

Broderich: So kann man sagen. Obwohl – schöpferisch...

Elvira: *(Unterbricht Broderich schnell.)* Schreiben Sie es nur so.

Buch: Können Sie sich dazu nicht noch etwas präziser äußern, Herr Broderich?

Elvira: Das würde mein Mann gewiss gerne tun, aber er ist jetzt von der langen Reise – verstehen Sie –

Buch: *(Sehr eifrig.)* Volles Verständnis! Volles Verständnis! Nur vielleicht noch eine einzige, kurze Frage: Warum bevorzugen Sie bei Ihrer Arbeit die Toncluster?

Broderich: *(Wird zunehmend verlegen.)* Die Toncluster – ja – das ist so – wie Herr Dr. Moder schon – wahrscheinlich – geschrieben hat – ich denke – ein Cluster ist ja – ich meine – in diesem Fall –

Moder: *(Zu Broderich.)* Wenn Sie mir erlauben aus meiner Werkanalyse zu zitieren – das heißt – ich meine nicht wörtlich zitieren – mehr aus dem Gedächtnis – das Manuskript habe ich ja nicht bei mir. Sie werden mich bitte verbessern, wenn ich mich irren sollte.

Broderich: *(Erleichtert.)* Ja – das werde ich – bitte sehr!

Moder: *(Zu den Journalisten, die eifrig mitschreiben.)* Grundsätzlich ist ein Cluster zunächst einmal ein Näherungsverfahren zur Berechnung des Zustandsintegrals „Z" eines Vielteilchensystems, oder auch, in der Tat, ein Kernmodell, das davon ausgeht, dass Alphateilchen und andere leichte Atomkerne großer Bindungsenergie teilweise als Unterstrukturen in schweren Kernen auftreten. Während man mit „Cluster-Ion" ein Ion bezeichnet, an das zehn bis dreißig elektrisch neutrale Moleküle oder Atome angelagert sind, redet man in der Phonetik bei zwei oder mehr aufeinanderfolgenden ungleichen Konsonanten von einem Cluster. Der amerikanische Komponist Henry Dixon Cowell führte im Jahr 1930 den Begriff „Toncluster" für übereinandergeschichtete große oder kleine oder noch kleinere Intervalle in die Musik ein.

Buch: Wann war das? Würden Sie es bitte noch einmal wiederholen?

Moder: Im Jahr 1930.

Buch: Danke. Sehr interessant.

Arnold: Und durch die Verfremdung, die ja auch gerne von Broderich benutzt wird, wie Sie schreiben, kann man diesen Prozess noch intensivieren. Sehe ich das richtig so?

Moder: Zumindest ist es nicht ganz falsch. Wie Sie wahrscheinlich wissen, stammt der Begriff „Verfremdung" aus der Literaturtheorie.

Buch: Gewiss.

Moder: Er lässt sich verfolgen vom Asianismus der Antike über den Materialismus und das Wiener Volkstheater bis zur modernen Lyrik. Im russischen Formalismus finden wir die Verfremdung ebenso wie in Brechts „Epischem Theater". Verfremdung wird dabei zugleich – und das ist in der Tat sehr interessant – mit der marxistischen Gesellschaftstheorie verbunden. Verfremdung als didaktisches Prinzip, um die Bewegungsgesetze der Realität aufzuzeigen und den Standpunkt des sozialistischen Realismus sichtbar zu machen. Durch ungenügendes Verstehen soll man durch den Schock des Nichtverstehens zum wirklichen Verstehen geführt werden. *(Er wird immer erregter.)* Wenn man zum Beispiel den Ton einer Geige auf elektronischem Wege zu einem Grunzen verfremdet, so erreicht man damit eine viel deutlichere Aussage, als wenn man von vornherein schlicht und einfach grunzen würde.

Buch: Das ist verständlich.

Moder: *(Nun sehr erregt.)* Und das, in Verbindung mit der Clustertechnik, ergibt in der Tat ein gewaltiges Material als Ausgangsbasis für die Herstellung eines „Schwarzen Loches". Wenn Sie dann auch noch bedenken wollen, dass in unserer Zeit – unter Berücksichtigung – der politischen – der – der – sozialen – gesellschaftlich relevanten – können Sie nicht das Fenster öffnen – die kapitalistische Ordnung – es ist ja – und auch die bedrohte Umwelt – bitte das Fenster – durch diese Komprimierung der Luft – ich meine die Cluster – und Verfremdung – das ist alles – so – so gewaltig – auch... *(Er wird ohnmächtig.)*

Klöning: *(Schreit.)* Nein! Nicht schon wieder!

Brandtner: *(Fängt den fallenden Moder auf.)* Helfen Sie mir!

Broderich: *(Springt schnell hinzu.)* Er ist ohnmächtig.

Brandtner: Das passiert ihm in letzter Zeit öfter. Es dauert meistens nicht lange.

Elvira: Er muss an die frische Luft! Mein Gott! Der arme Dr. Moder.

Moder *(Er kommt wieder zu sich.)* Verfremdung – in der Tat –

Müller: Da ist er ja schon wieder.

Brandtner: Jetzt ist es aber genug. Sie müssen sich schonen, Herr Moder! Bei allem Respekt vor Ihrer Arbeit. Sie riskieren Ihre Gesundheit.

Arnold: Wir werden ihn hinausbegleiten, wenn Sie gestatten. *(Arnold und Buch übernehmen den noch immer schwankenden Moder von Brandtner und Broderich.)*

Buch: Kommen Sie, Herr Dr. Moder, es wird Ihnen gleich wieder besser gehen.

Moder: *(Immer noch sehr benommen.)* Ja, gerne – in der Tat – Cluster und Verfremdung – frische Luft – gut – in der Tat -

Buch: *(Zu Broderich.)* Fürs erste haben wir auch genug erfahren.

Arnold: Wenn Sie erlauben, werden wir in den nächsten Tagen noch einmal vorbeischauen.

Elvira: Bitte sehr.

Moder: *(Verwirrt.)* Vergessen Sie nicht – durch den Schock – das eigentliche Verstehen – Nichtverstehen – in der Tat –

Klöning *(Zu Arnold und Buch.)* Ich helfe Ihnen.

(Die beiden Journalisten, Frau Dr. Dr. Klöning und Dr. Moder gehen ab.)

Brandtner: Er ist wohl gesundheitlich etwas labil, der Arme.

Broderich: *(Böse und energisch.)* Das auch. Also – ich muss jetzt einmal etwas sagen: die ganze Sache...

Elvira: *(Unterbricht ihn und legt ihren Arm um seine Schulter.)* Später, mein Lieber, später, nicht jetzt.

Broderich: So geht das doch nicht weiter!

Brandtner: Natürlich nicht. Eine Änderung Ihres bisherigen Lebens wird sich nicht ganz vermeiden lassen.

Broderich: Wie meinen Sie denn das?

Brandtner: Sie sind ein berühmter Mann geworden, ob Sie es nun wollen oder nicht. Das müssen Sie akzeptieren. Sie haben den Stil Ihrer Arbeit gefunden, Ihren unverwechselbaren Stil. Die Welt erwartet nun weitere Broderich-Werke.

Broderich: Solche „Werke" wie Ihre „Musik für viergeteiltes...

Brandtner: Ihre.

Broderich: Was?

Brandtner: Ihre „Musik für viergeteiltes Orchester".

Broderich: Also gut: solche Werke wie die „Musik für viergeteiltes Orchester"?

Brandtner: Ganz richtig.

Broderich: *(Er fängt plötzlich an laut zu lachen. Während Elvira und Dr. Brandtner sich verständnislos anschauen, verstärkt sich das Lachen immer mehr und wird fast zu einem Lachkrampf.*

Elvira: *(Verwirrt, hilflos.)* Alexander!

Brandtner: Herr Broderich, was haben Sie denn?

Elvira: *(Sie fasst Broderich an den Schultern und schüttelt ihn.)* Alexander! Alexander! So hör doch auf! Was soll denn das?

Broderich: *(Löst sich von Elvira und geht laut lachend ab. Elvira und Brandtner stehen noch eine Zeitlang still und verwundert da, während Broderichs Lachen immer noch, wenn auch leiser werdend, zu hören ist.)*

Elvira: Er ist übermüdet, Herr Dr. Brandtner. Das war alles etwas zuviel für ihn. Können wir das Gespräch nicht ein andermal fortsetzen?

Brandtner: Aber selbstverständlich. *(Nach einigem Nachdenken.)* Doch, gnädige Frau, lassen Sie nicht außer acht: Mit der notwendigen Änderung Ihrer Lebensumstände, von denen ich sprach, ist ja auch eine bedeutende Verbesserung Ihrer finanziellen Situation verbunden. Alleine die „Musik für viergeteiltes Orchester" wird in den nächsten Wochen ungefähr zwanzig mal aufgeführt. Vor einigen Stunden erst sprach ich mit dem Chef des Gigantik-Verlages...

Elvira: Wir haben schon einen Brief von ihm bekommen.

Brandtner: Ich weiß. Akzeptieren Sie seine Vorschläge, und es wird Ihr Schaden nicht sein.

Elvira: Wir werden darüber nachdenken.

Brandtner: *(Er sieht Elvira lange und eindringlich an.)* Noch etwas: Verstehen Sie mich bitte nicht falsch – ich will da nichts unterstellen – wie soll ich mich ausdrücken – diese „Musik für viergeteiltes Orchester" – aber bitte – ich meine nur - wie sie auch immer zustande gekommen sein sollte – natürlich war das ein genialer Einfall – darüber sind sich alle einig – ich meine nur – *(Sehr eindringlich und geheimnisvoll.)* Sie sind ja eine Realistin, das habe ich schon bemerkt – darum – was ich sagen wollte – *(Sehr bestimmt.)* Wir alle, wir können nicht mehr zurück! Haben Sie mich verstanden?

Elvira: Vollkommen, Herr Dr. Brandtner.

Brandtner: Und bitte – keine falschen Schlüsse aus meinen Worten ziehen – ich unterstelle gar nichts – gar nichts – ich glaube an das Genie Alexander Broderich.

Elvira: Ich bin sicher: Sie glauben genau so fest daran wie ich. Sie können ganz beruhigt sein.

Brandtner: *(Erleichtert.)* Dann will ich mich auch verabschieden. Alles Gute für die Zukunft.

Elvira: Auf Wiedersehen, Herr Dr. Brandtner. *(Brandtner geht ab.*

Als Brandtner gegangen ist, geht Elvira sinnend auf und ab, nimmt nacheinander einige Zeitungen und liest darin. Dann schüttelt sie verständnislos mit dem Kopf. Nach einiger Zeit kommt Broderich wieder herein. Er hat ein Handtuch um den Kopf gewickelt.)

Broderich: *(Gequält)* Ist Brandtner weg?

Elvira: Ja, er ist gegangen. Wie siehst du denn aus? Was ist mit dir?

Broderich: Ich habe wahnsinnige Kopfschmerzen. Komm nicht zu nah an mich heran, es könnte sein, dass mein Kopf platzt.

Elvira: Nun übertreibe nicht so.

Broderich: Was war das vorhin? Was habe ich hier erlebt? War das ein Spuk?

Elvira: Nein.

Broderich: Was war es denn?

Elvira: *(Geht nah an Broderich heran und blickt streng in seine Augen.)* Es war unsere Chance.

Broderich: *(Sehr überrascht.)* Was sagst du da?

Elvira: Ja, Alexander, so ist es. Brandtner hat recht: Wir können nicht mehr zurück! *(Nach einer kurzen Pause sehr bestimmt.)* Und ich will auch nicht mehr zurück!

Broderich: Ich verstehe gar nichts mehr.

Elvira: Dann will ich es dir erklären. Doch zunächst muss ich mich etwas erfrischen. Das war heute ein sehr anstrengender Tag. Komm mit, ich mach uns zunächst einmal einen Kaffee!

(Broderich folgt langsam und widerwillig seiner Frau, die den Koffer nimmt und den Wagen mit der Post und den Zeitungen vor sich her schiebt. Während Elvira den Raum verlässt, bleibt er am Kleiderständer stehen, entfernt das Handtuch von seinem Kopf und wirft es achtlos zu Boden, zieht dann seine Reisejacke aus und den Hausmantel an, klappt das Bett von der Wand und rollt die Vitrine wieder in die Mitte der Bühne.)

EPILOG (Broderich/Schwester Elvira)

Broderich: *(Steht einige Zeit sinnend vor der Vitrine und blickt auf die Partitur der „Musik für viergeteiltes Orchester", bis er sich nach einiger Zeit wieder an das Publikum wendet.)* Und meine Frau hat es mir dann erklärt, wie sie es nannte. Ich wollte das Theater unter keinen Umständen mitmachen. Mein ganzer Unmut konzentrierte sich dabei mehr und mehr auf diesen Dr. Moder, der durch seine Theorien und Veröffentlichungen den sogenannten „Erfolg" der falschen „Musik für viergeteiltes Orchester" herbeigeführt hatte. Meine Frau war aber meinen Argumenten nicht zugänglich. Das, was sie unsere Chance nannte, was sie als vernünftig und realistisch ansah, war nichts anderes als das Verlangen nach Geld, nach Reichtum, nach Komfort, kurz, nach einem Leben, das sie sich eigentlich schon immer gewünscht hatte, und das wir jetzt erreichen konnten. Zwar nicht durch unsere Arbeit, aber auf Kosten meiner Selbstachtung. Ich sollte nur das verwerfliche Spiel mitspielen und alles sei in Ordnung. So verging die Nacht mit Zank und Streit. Schließlich nahm sie meine Partitur aus dem Koffer – die richtige Partitur der „Musik für viergeteiltes Orchester" – ging damit hinaus in den Garten und verbrannte sie auf dem Rasen! Aus Sicherheitsgründen, wie sie sagte.

Ich stand wie gelähmt im Zimmer hinter dem Fenster, unfähig eine Initiative zu ergreifen, und sah zu, wie die Flammen sich langsam von den Rändern der Partitur nach innen fraßen, wie sich die Notenblätter in der Glut bewegten, sich zusammenzogen und aufbäumten, als wollten sie gegen ihr Schicksal ankämpfen. Dort draußen verbrannte meine Seele, verbrannten meine

Träume, verbrannte ich selbst – alles wurde zu Asche. *(Er setzt sich an den Schreibtisch und starrt scheinbar geistesabwesend auf die Schreibtischplatte. Ziemlich lange. Dann wendet er sich wieder an das Publikum.)* Am frühen Morgen nach dieser durchwachten Nacht – meine Frau war schließlich doch zu Bett gegangen – geriet ich in einen Zustand von Willenlosigkeit, wie ich ihn zuvor noch nie erlebt hatte. Ein Zustand, der sich kaum beschreiben lässt. Ich weiß darum auch gar nicht genau, was sich mit mir ereignete. *(Er steht auf.)* Es war noch dunkel, als es geschah. Ich lief über die Straße. Es war kalt und es herrschte ein schlimmes Unwetter mit zuckenden Blitzen, krachendem Donner und starkem Regen. Wahre Wassermassen stürzten hernieder und verwandelten die Rinnen neben den Bürgersteigen in reißende Bäche. Ich hatte keinen Mantel an. Auch keinen Hut auf. Zwar registrierte ich in meinem Unterbewusstsein die entfesselte Natur, aber mein Körper spürte weder Nässe noch Kälte. Ich war im wahrsten Sinne des Wortes außer mir, beobachtete mich selbst und war auch etwas verwundert über alles was mit mir und um mich geschah. Dann stand ich im Vorgarten des Hauses von Dr. Moder zwischen dichten Büschen. Die Haustür öffnete sich, und im hellen Licht, das nun aus dem Hausflur in den Vorgarten schien, sah ich ihn – Dr. Moder – wie er seinen Hund aus dem Haus ließ. Der Hund erkannte mich, kam auf mich zu, sprang an mir hoch und bellte freudig. Ich verließ mein Versteck und stand nun wenige Meter vor Dr. Moder. Dann geschah das Ungeheuerliche, was ich nie begreifen werde: Ich war willenlos einer Situation ausgeliefert, die ich nicht mehr beherrschen konnte, in der ich geführt, ja, von einer unerklärlichen Macht getrieben wurde – zielstrebig – gnadenlos. Wie im Zeitlupentempo bemerkte ich die Bewegungen des Dr.

Moder, der mich erkannte, auf mich zukam, freundlich lächelte – mein rechter Arm hob sich – verwundert sah ich die Pistole in meiner Hand – dann wieder das Gesicht des Dr. Moder – das Lächeln verschwand – der Hund stand zwischen uns und wusste nicht, zu wem er sich wenden sollte – Moder blickte ungläubig – dann entsetzt – sein Mund öffnete sich – ich hörte Worte – laut – grell – fasziniert blickte ich auf meinen Finger am Abzug der Waffe – er bewegte sich – mein Gott, ich werde ihn erschießen – wieder das schreckverzerrte Gesicht Moders – die Pistole zielte genau auf seinen Kopf – ich stellte mir vor, wie aus seinem zerplatzenden Schädel das Gehirn spritzen würde, das all die für mich so unheilvollen Gedanken produziert hatte, und ich empfand dabei große Befriedigung, fühlte mich leicht, schwebend, glücklich. Und dann explodierte mit Blitz und Donner die Welt! Moder stand zunächst noch unbeweglich – staunend sah er mich an – nichts Sichtbares war an ihm geschehen – er sank auf die Knie – ganz langsam – wollte etwas sagen – dann fiel er vornüber in das nasse Gras.

(Er setzt sich wieder an seinen Schreibtisch. Nach einer langen Pause. Sehr müde.) Ich weiß, Sie haben wahrscheinlich in der Presse über diesen Fall gelesen, und einige von Ihnen werden den Bericht der sogenannten Sachverständigen kennen, die da behaupten, ich habe Dr. Moder nicht erschossen, er sei vielmehr einem Herzschlag erlegen, aus meiner Pistole habe sich gar kein Schuss gelöst. Glauben Sie das nicht. Man will mir nur meinen letzten, wirklichen Triumph nicht gönnen. Ich habe es aufgegeben, dagegen anzukämpfen. *(Jetzt wieder ganz emotionslos.)* Statt dessen bin ich nun hier. Ich habe alles, was ich für meine Arbeit benötige. Der Arzt hat es so angeordnet.

Sie nennen das Therapie. Mein Verleger ist darüber sehr glücklich. Er besucht mich hin und wieder und holt meine fertigen Kompositionen ab.

So sitze ich nun Tag für Tag hier an meinem Arbeitstisch und komponiere „Schwarze Löcher". Das mache ich aber sehr gründlich. All die Aufzeichnungen, die vielen Noten, die Cluster und Verfremdungen, die nachher wegkomprimiert werden müssen, schreibe ich sehr sauber und korrekt nieder, bevor sie dann der nonsensialen Superkomprimierung zum Opfer fallen. Das beruhigt mein Gewissen. Sieben „Schwarze Löcher" habe ich auf diese Weise schon geschaffen. Alles große Erfolge. Das achte – „L- 8" – ist in Arbeit. *(Er deutet auf seinen Arbeitstisch. Es klopft an der Tür.)* Ja, bitte!

Schwester Elvira: *(Sie trägt über ihrem Kleid aus dem 1. Akt einen weißen Kittel und hat eine Spritze in der Hand.)* Guten Abend, lieber Meister.

Broderich: Guten Abend, Schwester Elvira.

Schwester Elvira: Dann wollen wir mal wieder unsere tägliche Sonderration zu uns nehmen. Machen Sie bitte Ihren linken Arm frei.

Broderich: *(Tut es. Während die Schwester spritzt.)* Sie machen das aber wirklich sehr gut. Ich spüre gar nichts.

Schwester Elvira: Danke sehr. Kommen Sie mit Ihrer Arbeit voran?

Broderich: Ich bin zufrieden.

Schwester Elvira: Der Arzt wird bald kommen.

Broderich: Das ist schön.

Schwester Elvira: *(Nachdem sie mit der Spritze fertig ist, wendet sie sich an das Publikum.)* Sie müssen jetzt gehen, meine Damen und Herren. Die Besuchszeit ist zu Ende. Der Herr Professor sieht es nicht gerne, wenn bei seiner Visite noch Besucher im Haus sind. Vielen Dank für Ihr Interesse, empfehlen Sie unsere Klinik weiter, und verpassen Sie das nächste „Schwarze Loch" nicht. Auf Wiedersehen.

ENDE